"弗布克工作手册系列"序

"弗布克工作手册系列"图书旨在提升从业者的岗位技能、细化工作任务、明确工作规范。在这套书中,作者将岗位工作**目标化、制度化、流程化、技能化、方法化、案例化、方案化**,并为相关从业者提供了各种可以借鉴的范例、案例、模板、制度、流程、方法和工具,从而可以帮助读者提升岗位技能、高效执行工作。

技能是员工的立业之本。技能人才是支撑中国制造、中国创造的重要力量。在**"技能提升"**和**"技能强企"**行动中,企业中的每个岗位都急需一套可以拿来即用、学了能用的培训教材,以便企业通过提升员工的技能来提高各岗位人员的执行力和工作效能。在实际工作中,企业的各项工作要求、工作制度、工作流程只有**落实到位、高效执行、规范执行、依制执行、依标执行**,才能确保企业合规运营,提高企业的运营效能,增强企业的核心竞争力。

但是,企业如果没有一套合理的**执行体系、标准体系、规范体系、制度体系和流程体系**,不去将每项工作通过具体的方法、方案、方式落地,那么一切管理都会浮于表面、流于形式,沦为**"表面化"**和**"形式化"**管理。

本系列图书通过将岗位**职责清晰化、工作流程化、管理制度化、执行方案化**,使**"人事合一""岗适其人,人适其事"**。其中,通过明晰职责,让读者知道自己具体应该干什么事情,需要什么技能,需要哪些工具;通过细化执行,让读者知道自己应该怎么干,思路是什么,方案是什么,应该关注哪些关键环节和关键问题;通过制度、流程、方法、方案设计,让读者知道自己应该遵循哪些标准和程序,应该按照哪些规范去执行工作。

本系列图书具有以下三个鲜明的特点。

（1）拿来即用。本系列图书按照有思路、有规划、有方案、有方法、有工具的"五有原则"进行编写，读者可根据自己企业的实际情况，对适用的内容"拿来即用"。

（2）拿来即改。本系列图书提供的各种模板，包括但不限于制度、流程、方案、办法、细则、规范、文书、报告，读者可以根据自己企业的实际情况修改后使用。

（3）参照学习。对于不能拿来直接使用或者修改后使用的模板，读者可以将其用作自己工作的参考，学习这种设计的思路，掌握各种管理模板背后的设计思维，运用这种思维去解决工作中的实际问题。

因此，本系列图书不仅适合基层员工使用，也适合管理者使用。

北京弗布克管理咨询有限公司

2022 年 7 月

弗布克工作手册系列

审计与内控管理

工作手册

车弪娟◎著

人民邮电出版社

北　京

图书在版编目（CIP）数据

审计与内控管理工作手册 / 车彐娟著. -- 北京：
人民邮电出版社，2023.9
（弗布克工作手册系列）
ISBN 978-7-115-62328-7

Ⅰ．①审… Ⅱ．①车… Ⅲ．①企业管理－内部审计－
手册 Ⅳ．①F239.45-62

中国国家版本馆CIP数据核字(2023)第135784号

内 容 提 要

随着现代企业制度的建立和逐步完善，企业要生存和发展，就必须强化审计建设和内部控制制度建设。在企业生产经营规模不断发展壮大的过程中，审计和内部控制系统起着不可或缺的作用。对于中小企业来说，要做好审计和内控工作，就需要工具书来予以系统地指导。

本书以工作手册的形式，详细地介绍了审计工作管理、审计工作准备、审计工作实施、审计报告、后续审计与评价、内部控制体系建设、内部控制管理、业务内部控制、内部控制的检查监督、内部控制评价，内部控制与风险管理、合规等内容。另外，本书还附有二维码，对相关内容进行了拓展与补充，读者用手机扫码可以查看更多资料。

本书可以作为审计和内控行业的管理人员、工作人员、培训人员的参照范本和工具书，也可供企业咨询师、高校教师和专家学者用做实务类参考指南。

◆ 著 车彐娟
责任编辑 贾淑艳
责任印制 彭志环

◆ 人民邮电出版社出版发行 北京市丰台区成寿寺路 11 号
邮编 100164 电子邮件 315@ptpress.com.cn
网址 https://www.ptpress.com.cn
北京天宇星印刷厂印刷

◆ 开本：787×1092 1/16
印张：12 2023 年 9 月第 1 版
字数：200 千字 2024 年 9 月北京第 2 次印刷

定 价：69.80 元

读者服务热线：（010）81055656 印装质量热线：（010）81055316
反盗版热线：（010）81055315
广告经营许可证：京东市监广登字20170147号

前　言

在"弗布克工作手册（第 4 版）"改版之际，我们增加了这本《审计与内控管理工作手册》，以使得本系列丛书增加到 10 本。

近年来，审计、内控（内部控制）、合规已成为每个企业的常态化工作。鉴于此，我们把审计与内控整合在一起，出版了这本手册。目的是为从事这两类工作的人员提供一种工作的范例和模板。

本书涵盖了内部审计与内部控制、审计工作管理、审计工作准备、审计工作实施、审计报告、后续审计与评价、内部控制体系建设、内部控制管理、业务内部控制、内部控制的检查监督、内部控制评价和内部控制与风险管理、合规，共 12 章内容。

本书从工作具体场景出发，对审计与内控工作的要求、步骤、做法、规范、范例逐一讲解，按照审计工作的流程，细化讲解，提供方法、方案、制度、流程，让从事此类工作的人员一看就懂，一做就会。而且，本书还提供了很多工作成果展示，供读者借鉴。

本书从实用的角度出发，让读者拿来即用，内容既适合刚开始从事本工作的人员，也适合从审计、内控等具体工作走向管理岗位的人员。本书提供的规范、制度、流程为审计、内控管理人员提供了管理规范。

本书从简洁的角度出发，力求简单、简练，用图表、流程、模板、要点、关键点讲解，使读者用起来简单、高效。

本书从效率的角度出发，书中附带的二维码，可以让从事审计和内控工作的执行者和管理者快速得到自己想要的资料，节约他们的工作时间，从而提高工作效率。

本书适合企业中审计从业人员、内控从业人员、从事审计或内控的中高层管理人员，以及审计或内控管理咨询工作的相关从业者阅读和使用。

在使用本书时，读者可根据企业实际情况和工作的具体要求，对书中提及的范例、制度流程、方案、方法、模型、模板进行对照、参考，适当修改使用，以使书中的内容更贴合企业实际，提高工作效率。

书中不足之处，敬请广大读者指正。

车彐娟

2023 年 5 月

目 录

第 1 章
内部审计与内部控制

1.1 内部审计的 5 大发展趋势 1

1.1.1 全面化 1

1.1.2 标准化 1

1.1.3 多元化 2

1.1.4 精准化 2

1.1.5 电子化 3

1.2 内部控制工作的 5 个认知误区 3

1.2.1 内部控制可防范一切风险吗 3

1.2.2 内部控制就是规章制度吗 4

1.2.3 内部控制是管理层的事吗 4

1.2.4 内部控制制度可一劳永逸吗 4

1.2.5 内部控制越严格越好吗 4

1.3 审计与内部控制的关系 5

1.3.1 内部审计与内部控制的区别 5

1.3.2 内部审计与内部控制的联系 5

1.3.3 内部审计与内部控制的协调措施 6

第 2 章
审计工作管理

2.1 审计工作的 4 个工作阶段   **7**

2.1.1 4 个工作阶段导图   7

2.1.2 4 个工作阶段任务描述   8

2.2 审计工作的 5 大类型   **9**

2.2.1 内部控制审计   9

2.2.2 经营管理审计   10

2.2.3 财务审计   10

2.2.4 风险管理审计   12

2.2.5 信息系统审计   12

2.3 审计团队建设   **13**

2.3.1 审计部门结构设计   13

2.3.2 审计管理制度设计   13

2.3.3 审计岗位职责设计   14

2.3.4 审计部门考核设计   19

2.4 审计人员的职业道德与法律规范   **25**

2.4.1 审计人员的职业道德   25

2.4.2 审计人员应遵守的法律法规   26

第 3 章
审计工作准备

3.1 明确审计事项   **29**

3.1.1 确定审计项目   29

3.1.2 开展项目综合评估   30

3.1.3 制作调查问卷   30

3.1.4 制定审计清单   32

3.2 风险评估   **33**

3.2.1 风险评估方法   33

3.2.2 风险评估流程   33

3.2.3 评估重大错报风险   35

3. 3　制定审计方案　　　**36**

　3. 3. 1　确定审计流程　　　36

　3. 3. 2　选择审计方法　　　37

　3. 3. 3　制定审计工作方案　　　38

　3. 3. 4　编制审计计划书　　　40

3. 4　下达审计通知书　　　**42**

　3. 4. 1　通知书基本内容　　　42

　3. 4. 2　通知书的编制与下发要求　　　43

　3. 4. 3　审计通知书模板　　　44

第4章
审计工作实施

4. 1　开展现场工作　　　**45**

　4. 1. 1　现场进点会举行示范　　　45

　4. 1. 2　审计证据收集步骤　　　46

　4. 1. 3　现场考察实施方案　　　47

4. 2　实施审计测试　　　**49**

　4. 2. 1　内部控制有效性测试　　　49

　4. 2. 2　符合性测试　　　51

　4. 2. 3　实质性测试　　　52

4. 3　审计发现与建议　　　**54**

　4. 3. 1　形成审计发现　　　54

　4. 3. 2　提出审计建议　　　56

4. 4　整理审计工作底稿　　　**57**

　4. 4. 1　审计底稿编制要求　　　57

　4. 4. 2　审计底稿复核步骤　　　57

　4. 4. 3　审计底稿范例　　　58

第5章
审计报告

5. 1　中期审计报告　　　**61**

　5. 1. 1　中期成果汇报步骤　　　61

　5. 1. 2　中期报告编制要点　　　62

5. 2 初步审计报告   **63**

5. 2. 1 初步审计报告要素   63

5. 2. 2 征求审计意见流程   63

5. 3 正式审计报告   **65**

5. 3. 1 审计报告编制要求   65

5. 3. 2 审计报告范例   66

5. 3. 3 审计报告审核步骤   67

5. 3. 4 审计报告报送关键点   69

5. 3. 5 审计报告归档要求   69

第 6 章
后续审计与评价

6. 1 落实审计整改   **71**

6. 1. 1 下达整改通知书   71

6. 1. 2 整改结果调查   72

6. 1. 3 责任追究制度   73

6. 2 实施后续审计   **76**

6. 2. 1 后续审计内容   76

6. 2. 2 后续审计流程   76

6. 2. 3 后续审计报告   78

6. 3 审计评价   **79**

6. 3. 1 审计评价标准   79

6. 3. 2 审计评价报告   80

第 7 章
内部控制体系建设

7. 1 内部环境   **83**

7. 1. 1 内部控制环境建设   83

7. 1. 2 内部环境的主要风险   84

7. 1. 3 持续完善内部环境   85

7. 2 风险评估   **85**

7. 2. 1 风险识别   85

7. 2. 2 风险分析方法   86

7.2.3　风险应对措施　87

7.3　控制活动　87
7.3.1　控制活动方案设计　87
7.3.2　控制活动实施措施　91

7.4　信息与沟通　92
7.4.1　信息收集与传递　92
7.4.2　信息系统设计　93
7.4.3　沟通渠道与机制设计　94

7.5　内部监督　94
7.5.1　内部监督目标　94
7.5.2　内部监督风险点　95
7.5.3　持续监督　95

第8章
内部控制管理

8.1　内部控制制度框架　97
8.1.1　内部控制制度框架设计　97
8.1.2　内部控制制度图谱　98

8.2　内部控制制度内容　99
8.2.1　财务控制制度　99
8.2.2　实物控制制度　102
8.2.3　组织控制制度　105
8.2.4　人员控制制度　109

第9章
业务内部控制

9.1　货币资金业务循环控制　113
9.1.1　货币资金业务风险点　113
9.1.2　货币资金业务控制流程图　114
9.1.3　货币资金业务关键控制点　115

9.2　采购与付款业务循环控制　116
9.2.1　采购与付款业务风险点　116
9.2.2　采购与付款业务控制流程图　117

9.2.3 采购与付款业务关键控制点 118

9.3 销售与收款业务循环控制 120

9.3.1 销售与收款业务风险点 120

9.3.2 销售与收款业务控制流程图 121

9.3.3 销售与收款业务关键控制点 123

9.4 固定资产业务循环控制 125

9.4.1 固定资产业务风险点 125

9.4.2 固定资产业务控制流程图 126

9.4.3 固定资产业务关键控制点 127

9.5 成本费用业务循环控制 129

9.5.1 成本费用业务风险点 129

9.5.2 成本费用业务控制流程图 129

9.5.3 成本费用业务关键控制点 131

9.6 工程项目业务循环控制 132

9.6.1 工程项目业务风险点 132

9.6.2 工程项目业务控制流程图 133

9.6.3 工程项目业务关键控制点 135

第10章
内部控制的检查监督

10.1 内部控制检查监督体系设计 137

10.1.1 检查监督机构设置 137

10.1.2 内部控制缺陷标准 138

10.1.3 内部控制检查监督制度 138

10.1.4 内部控制检查监督步骤 140

10.2 内部控制检查监督方法 142

10.2.1 日常监督 142

10.2.2 专项监督 142

10.3 内部控制检查监督报告 143

10.3.1 检查监督报告内容 143

10.3.2 检查监督报告模板 143

10. 4　反舞弊监督管理　**145**
10. 4. 1　舞弊行为调查步骤　145
10. 4. 2　舞弊行为应对方案　147
10. 4. 3　反舞弊案例　149

第 11 章
内部控制评价

11. 1　内部控制评价内容　**153**
11. 1. 1　内部环境评价　153
11. 1. 2　风险评估评价　154
11. 1. 3　控制活动评价　155
11. 1. 4　信息与沟通评价　156
11. 1. 5　内部监督评价　157

11. 2　内部控制评价实施　**157**
11. 2. 1　制定评价方案　157
11. 2. 2　组织评价团队　159
11. 2. 3　实施评价工作　160

11. 3　认定内部控制缺陷　**161**
11. 3. 1　内部控制设计缺陷　161
11. 3. 2　内部控制运行缺陷　162

11. 4　内部控制评价报告　**163**
11. 4. 1　内部控制评价报告内容　163
11. 4. 2　内部控制评价报告模板　164

第 12 章
内部控制与风险管理、
合规

12. 1　内部控制与风险管理　**169**
12. 1. 1　内部控制与风险管理的区别　169
12. 1. 2　内部控制与风险管理的联系　170
12. 1. 3　风险管理下的内控体系建设　170

12. 2　内部控制与合规　**173**
12. 2. 1　内部控制与合规的区别　173

12.2.2 内部控制与合规的联系　174

12.2.3 内部控制与合规管理体系建设　174

12.3 内部控制、合规、风险一体化管理体系　175

12.3.1 一体化管理组织体系设计　175

12.3.2 一体化管理运行体系设计　176

12.3.3 一体化管理保障体系设计　177

第1章
内部审计与内部控制

1.1 内部审计的5大发展趋势

1.1.1 全面化

社会经济及信息技术的发展促使内部审计工作已由单一化转向全面化，全面化的内部审计能帮助公司发现各方面的问题或风险。内部审计的全面化主要体现在以下两个方面。

（1）内部审计内容的全面化

内部审计已不单是财务审计，而是全面综合的审计，包括风险合规、经营管理、信息系统等方面的审计。内部审计的范围从重点审计覆盖到全面审计，内部审计的时间间隔也在逐渐缩短。

（2）内部审计制度的全面化

随着内部审计的不断发展，内部审计制度对审计的职责权限、审计类型、审计方式、审计工作程序、奖励与惩处等内容规定更加全面细致。全面的内部审计制度不仅规范了内部审计工作，而且提高了内部审计的工作效率。

1.1.2 标准化

为保证内部审计的质量，提高内部审计的工作效率，降低内部审计的难度，减小内部审计的风险，企业的内部审计正逐渐标准化。标准化的内部审计主要体现在以下两个方面。

（1）内部审计流程的标准化

企业在进行内部审计时主要遵循《中华人民共和国审计法》《公司内部控制基本规范》

《中国内部审计基本准则》等法律法规，按照标准的流程来进行内部审计，审计流程的标准化不仅提高了工作质量，还避免了风险。

（2）内部审计信息的标准化

内部审计信息主要包括内部审计工作实施进度、审计成果、审计整改及责任落实情况等，通过标准化的信息平台，企业领导、审计部门负责人能随时掌握审计的进度，发现审计过程中的问题，洞悉企业存在的风险。

1.1.3 多元化

随着企业生产经营项目的繁杂、管理幅度的扩大、管理层级的增多，需要企业运用多元化的方式及人才来进行内部审计。内部审计的多元化主要体现在以下两个方面。

（1）内部审计方式的多元化

内部审计的方式越来越多元化，常见的方式主要有现场审计、异地审计、联合审计、委托审计、全部审计、局部审计等。企业可选择不同的审计方式来达到审计的目的，以保证审计结果的准确性和科学性。

（2）内部审计人员的多元化

内部审计工作不仅需要财务、审计、管理等相关专业的人员，还要具备风险、法律、经济、工程类等专业人才。多元化的内部审计队伍从多个方面保证了内部审计工作的顺利开展，提高了内部审计的工作效率。

1.1.4 精准化

为保证企业审计结果的正确性，企业在内部审计的过程中，已开始注重数据的精准化和人员培训的精准化。企业内部审计的精准化主要体现在以下两个方面。

（1）内部审计数据的精准化

精准的数据是企业内部审计的重要组成部分，也是企业内部审计的重要内容。为保证审计结果的精准，企业内部大多会建立自己的数据库，将不同数据分门别类地传输到数据库中，方便审计人员及相关工作人员进行查看和计算。

（2）内部审计培训的精准化

企业不断完善内部审计培训系统，对内部审计人员进行精准化的培训服务，聘请外部的专业人士开展活动讲座，结合实际案例，开展培训教育，这些措施可以提高内部审计人员的专业性和敏感度，保证审计达到预期效果。

1.1.5　电子化

互联网及信息技术的快速发展及企业业务的全球化，使得内部审计的诸多工作逐步电子化，电子化的内部审计工作不仅能提高审计效率，还能提升审计的准确性。内部审计的电子化主要体现在以下三个方面。

（1）内部审计资料的电子化

内部审计正从传统的纸质化审计转变为电子化的审计，在审计的过程中，被审计部门提供的资料或证据也多为电子形式，在无纸化办公情形下，电子签名、电子发票、电子收据、电子印章已逐渐成为重要的证据。

（2）内部审计手段的电子化

内部审计的手段也是多种多样的，考虑到地理位置、公司状况等因素，部分企业会选择线上审计。企业运用电子手段进行内部审计，不仅能加速审计进程，提高审计效率，还能提升审计结果的准确性，避免主观错误。

（3）内部审计报告的电子化

目前，纸质化的审计报告已不方便进行存储、查找和保密，电子化的审计报告更易查阅和存储。企业内部审计结束后，审计人员会给出电子化的底稿、终稿等资料，以方便领导随时查看，也能为后续审计工作提供参考。

1.2　内部控制工作的 5 个认知误区

1.2.1　内部控制可防范一切风险吗

"内部控制可防范一切风险"是内部控制工作的一大认知误区。风险是不断变换、随时出现的，企业的内部控制也需要不断改进和完善，内部控制与风险并不是同步的，二者也不是一一对应的，内部控制不能防范一切风险。

内部控制会根据风险预警机制作出相应的预防措施，但是风险预警机制并不是万能的，预警机制是在已知风险的基础上做出的预测，不一定能预测未知的、没有出现的风险，内部控制并不能时时防范企业经营管理过程中出现的风险。

要做好风险防范工作，就要不断更新和完善企业的内部控制制度和规范，不断了解风险的种类，做好应对和防范措施。还要不断建设风险预警机制，做好内部控制措施，防范可控制的风险，保证企业的正常生产经营活动。

1.2.2 内部控制就是规章制度吗

"内部控制就是规章制度"这句话把内部控制与规章制度的概念混淆了，这是存在误区的。内部控制与规章制度是两个不同的概念，它们既有联系，又有区别，二者在企业管理中相互依存。

内部控制以规章制度为载体，通过规章制度实现对企业的控制和管理。规章制度是内部控制的一种表现形式，内部控制不仅通过规章制度来控制，还会通过企业文化、企业经营结构、经营理念、内部环境等进行控制。

完善、科学的规章制度需要内部控制来实现，动态的内部控制活动能帮助企业分析风险、规范生产经营，应对各种危机。规章制度的执行情况也引导着企业内部控制活动的方向，二者相辅相成，相互促进。

1.2.3 内部控制是管理层的事吗

内部控制不仅是管理层的事，而且是企业全体员工共同参与实施的事。管理层是内部控制的制定者和监督者，员工则是内部控制各种表现形式的实施者。内部控制需要全体员工共同努力，才能做好。

管理层建立的内部控制并不是摆设，而是希望它能够发挥作用来规避风险。管理层需要从员工的执行情况中查看内部控制存在的漏洞，以此不断建设和完善企业的内部控制体系。

员工会受到内部控制的约束，规范地做好本职工作，管理层同样也会受到内部控制的约束。企业全体员工都要做好内部控制的维护和改善，这样才能更好地推动企业向前发展。

1.2.4 内部控制制度可一劳永逸吗

企业内外环境、风险、政策不是一成不变的，内部控制制度也需要适时更新和完善，不可能一劳永逸。

内部控制制度是动态的，它会随着企业的经营活动、面临的风险而变化，适用于当前企业的制度，在实际执行过程中，会随着具体执行情况而变化。

时代是不断进步和发展的，内部控制制度也需要不断更新，这样才能紧跟时代的步伐，才能适应公司新的发展需要。

1.2.5 内部控制越严格越好吗

内部控制并非越严格越好，内部控制要符合企业的发展要求，与企业内部的环境相适应。企业需要判断严格的内部控制是否能达到预期效果，是否能得到很好的执行，"一刀切"的管理可能并不适合多数公司的发展需求，也不能在公司内部全部推行。

严格的内部控制能起到一定的规范作用，对于控制环节较多、事项烦琐的部门而言，严格的控制能达到比较好的效果；但是对于业务比较灵活、事项简单的部门而言，严格的控制会使业务变得更加烦琐，反而限制了业务的发展。

严格的内部控制不仅需要人员的配合，还需要一定的控制成本，控制的环节越多，需要耗费的成本也越多，这样不仅会增加企业的成本支出，还会造成企业人员的臃肿，影响企业的利润，产生不必要的经济损失。

因此，企业要灵活地选择内部控制的管理方式，既不能"一刀切"，也不能放任不管，要结合企业自身的情况，选择适合企业的管理方式。

1.3　审计与内部控制的关系

1.3.1　内部审计与内部控制的区别

内部审计是企业建立的评价监督机构，其目的在于提高工作效率。内部控制是企业建立的相互制约的管理体系，目的在于改善经营，提高效益。二者在以下三个方面存在着区别，具体如下。

（1）面向对象不同

内部审计面向的是具体的审计对象和与财务相关的内容。内部控制面向的是企业的各个环节，企业的各项业务流程都在内部控制之下。

（2）管理目标不同

内部审计的目标是对各种经营业务进行审计、评价、监督，评估存在的风险。内部控制的目标是建立相互制约的关系，改善公司经营，增加公司的利润。

（3）实施手段不同

内部审计的实施手段主要包括审核、观察、访谈、调查、函证、计算等。内部控制的实施手段主要是内部环境控制、风险评估、控制活动、信息与沟通、内部监督。

1.3.2　内部审计与内部控制的联系

内部控制与内部审计都是企业进行控制、调节的重要工具，是现代管理的重要组成部分，二者有着密切的联系。内部审计与内部控制的联系主要体现在两个方面，具体如下。

（1）相互需要

内部控制与内部审计是相互依存、相互需要的。内部审计需要内部控制，没有健全、完善的内部控制，内部审计工作就无法正常展开。内部控制也需要内部审计，没有内部审计的评价和监督，内部控制就不能持续更新，就无法与企业的经营发展要求相适应。

（2）相互促进

内部控制与内部审计是相互促进、共同完善的，科学的内部控制能够帮助内部审计工作正常开展，提高审计效率、降低审计风险、提高审计质量。而准确的内部审计能够帮助内部控制进行有效的管理，不断改进内部控制，使其更好地适应企业的发展。

1.3.3　内部审计与内部控制的协调措施

内部审计与内部控制都是企业为了进行更好的生产经营所采取的手段，随着信息技术与发展环境的不断变化，企业对内部审计与内部控制的要求更加严格，需要做好二者的协调，降低企业的经营风险，增加企业的经济利润。内部审计与内部控制的协调措施如下。

（1）提高内部审计的独立性

内部审计的独立性是指内部审计要区别于财务、会计等经济活动。企业应对内部审计机构进行科学的设置，内部审计机构的地位和级别越高，所受的干扰与影响越小，内部审计的独立性越强，内部审计所能发挥的作用越大。

内部控制离不开内部审计的独立性，独立的内部审计机构能更好地对内部控制进行监督与评价，使评价结果具有较强的客观性、公正性和权威性，能充分发挥内部审计在内部控制中的作用。

（2）实现内部审计与内部控制的有机结合

企业要将内部审计与内部控制进行有机的结合，共同参与到企业风险管理过程中，识别、评价、应对风险，改进风险管理体系，促进企业的生产经营。

企业应当制定内部控制制度，建立有效的风险管理机制和信息反馈系统，预测经营活动中可能遇到的风险，评估此风险可能给公司带来的损失，制定出有效的风险应对措施，使企业将面临的风险控制在能够承受的范围之内。

在内部控制的过程中可能会存在部分缺陷，需要内部审计为其提供强有力的保障，通过内部审计与内部控制的有机结合，可以实现企业风险管理目标，提高公司运营效率，利用公司资源，使公司具有持续的竞争力。

第 2 章
审计工作管理

2.1 审计工作的 4 个工作阶段

2.1.1 4 个工作阶段导图

内部审计主要涉及 4 个阶段的工作内容,内部审计工作流程也是按照这 4 个工作阶段来展开的,各个工作阶段都有明确的工作事项和工作职责。内部审计工作的 4 个工作阶段导图如图 2-1 所示。

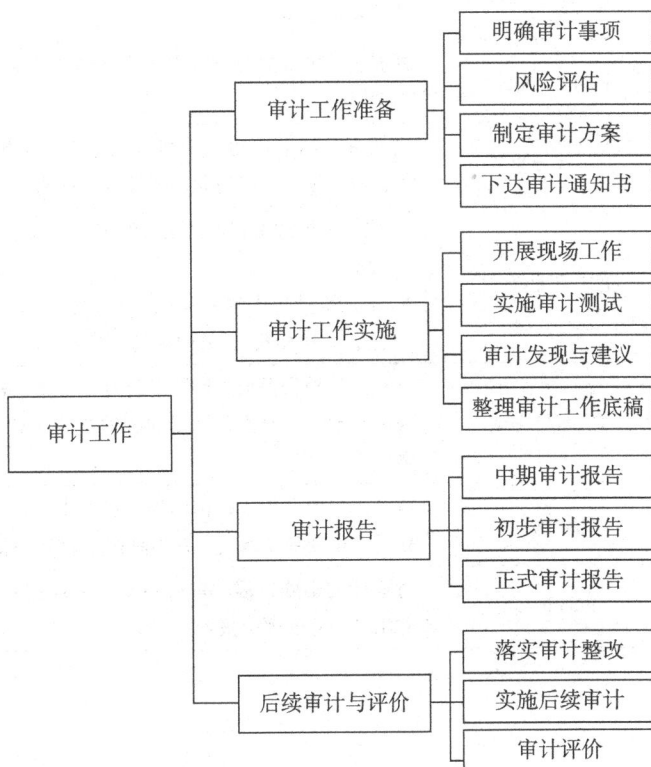

图 2-1 内部审计工作的 4 个工作阶段导图

2.1.2 4个工作阶段任务描述

对内部审计工作4个工作阶段任务描述如表2-1所示。

表2-1 4个工作阶段任务描述

4大工作阶段	事项	任务描述
审计工作准备	明确审计事项	在开展审计工作前，要明确具体的内部审计项目和内部审计对象，确定内部审计的内容，制定相关的调查问卷，制定内部审计清单
	风险评估	在开展内部审计工作的时候，要评估内部审计工作中存在的风险，识别出具体的风险，采取措施应对潜在的风险
	制定审计方案	内部审计工作要按照制定的审计方案来实施，在开展审计前还要确定年度的审计计划书
	下达审计通知书	做好内部审计工作之后，要编制审计通知书，并将通知书下达给被审计部门
审计工作实施	开展现场工作	实施内部审计工作，现场进行审计的，先要举行现场进点会，进行现场考察，收集相关的审计证据
	实施审计测试	在审计过程中，对被审计项目进行测试，评估被审计项目是否可以接受
	审计发现与建议	在审计过程中，审计人员形成审计发现和审计建议
	整理审计工作底稿	审计人员编制审计底稿，记录审计的工作过程，将底稿报送并进行复核工作
审计报告	中期审计报告	根据企业内部的要求及内部审计的进度情况，可出具不同形式的中期报告
	初步审计报告	内部审计结束之后，要初步确定审计结果，出具初步审计报告，与被审计部门沟通，征求审计意见
	正式审计报告	◆ 根据审计意见和审计报告的编制要求，出具正式的内部审计报告 ◆ 正式审计报告编制完成后，经过审核之后，向相关部门报送，并将相关资料进行存档保存
后续审计与报告	落实审计整改	针对审计报告提出的问题和存在的风险，被审计部门要进行相应的整改，并对出现严重问题的被审计部门和被审计人员追究责任
	实施后续审计	审计部门要对被审计部门进行后续审计，主要审查该部门的问题是否得到整改落实，并出具相关的审计报告
	审计评价	对审计的实施过程、审计结果、审计目标等做出相应的评价，并出具相应的评价报告

2.2　审计工作的 5 大类型

2.2.1　内部控制审计

　　内部控制审计是指审计部门对企业内部控制活动进行审查和评价。企业内部控制活动主要包括组织架构、发展战略、人力资源、社会责任、企业文化、资金活动、采购业务、资产管理、销售业务、研究与开发、工程项目、担保业务、业务外包、财务报告、全面预算、合同管理、内部信息传递、信息系统等。

　　在实施内部控制审计时，需要遵循一定的步骤，具体如图 2-2 所示。

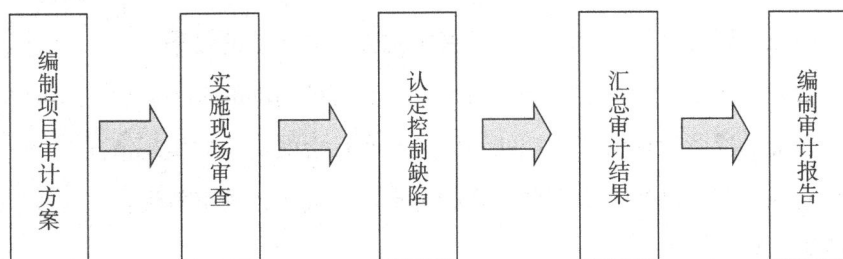

图 2-2　内部控制审计步骤

　　第 1 步：编制项目审计方案

　　根据内部控制审计的内容及重点，编制具体的项目审计方案，方案中要明确审计的时间、内容、审计方式、审计手段等。

　　第 2 步：实施现场审查

　　根据编制的审计方案，实施现场审查工作，收集被审计部门的相关资料，开展内部控制审计工作。在审计过程中，内部审计人员可选择问卷调查、抽样、比较分析的方法来收集相关证据。

　　第 3 步：认定控制缺陷

　　内部审计人员根据审计结果，对控制缺陷进行认定，并将缺陷进行等级划分，分析缺陷的形成原因，提出认定意见。

　　第 4 步：汇总审计结果

　　将审计的工作过程、控制缺陷、审计意见及建议等进行汇总，形成审计结果。

　　第 5 步：编制审计报告

　　根据审计结果，形成审计报告，审计报告主要包括审计内容、审计范围、内部控制缺陷认定及整改意见等。

2.2.2 经营管理审计

经营管理审计是指审计部门对公司的经营管理活动进行审查和评价，审查生产经营过程中所耗费的资源，评价经营管理过程中投入与产出的关系，以及经营管理目标的实现程度。

（1）经营管理审计的审计内容

① 审计公司的经营管理活动中经营信息是否真实。

② 审计公司在经营管理过程中对人力、物力、财力等资源使用的合规性。

③ 审计公司的经营管理活动中既定目标的可行性以及未能实现既定目标的情况描述及其原因。

④ 审计研发、财务、采购、生产、销售等主要业务活动的效率。

⑤ 审计计划、决策、指挥、控制及协调等主要管理活动的效率。

⑥ 审计企业的经营管理活动预期的经济效益和社会效益等的实现情况。

⑦ 审计企业内部控制及风险管理体系的健全性及其运行的有效性。

（2）经营管理审计的方法

内部审计人员在进行经营管理审计时，根据审计风险和审计成本及审计对象，选择合适的审计方法，审计方法如表2-2所示。

表2-2　经营管理审计方法

方法	详细描述	
专题讨论会	通过召集组织相关管理人员就经营管理活动特定项目或者业务的具体问题进行讨论的方法	适用于专业性较强、难度较高的审计
调查法	凭借一定的手段和方式，对某种或者某几种现象、事实进行考察，通过对搜集到的各种资料进行分析处理，进而得出结论的方法	适用于审计项目较多且规模较大的审计
成本效益分析法	即通过分析成本和效益之间的关系，以每部门效益所消耗的成本来评价项目效益的方法	适用于有直接经济效益支出项目的审计
数量分析法	对经营管理活动相关数据进行计算分析，并运用抽样技术对抽样结果进行评价的方法	适用于资料准确，数据精准的审计

2.2.3 财务审计

财务审计是指审计部门对企业的资产、负债和损益的真实性、合法性进行审计和监督。财务审计的内容及其实施步骤如下。

（1）财务审计的内容

① 审计报表。检查公司的资产负债表、损益表、现金流量表、合并报表是否编制齐

全，计算报表中的数据，验证报表的真实性。

②审计资产。审计人员对企业的固定资产、流动资产、无形资产、长期性投资、递延资产及其他资产进行审计。

③审计负债。审计人员着重审计企业的长期负债和流动负债。长期负债主要包括长期借款、长期应付账款、应付债券等。流动负债主要包括短期借款、应付账款、预收账款、应付职工薪酬、应付利润及其他应付款等。

④审计损益。审计人员对企业经营过程中取得的收益和成本费用进行审计。收益费用主要包括主营业务收入、其他业务收入、投资收益等，成本费用类主要包括主营业务成本、其他业务成本、所得费等。

（2）财务审计的步骤

财务审计的步骤如图 2-3 所示。

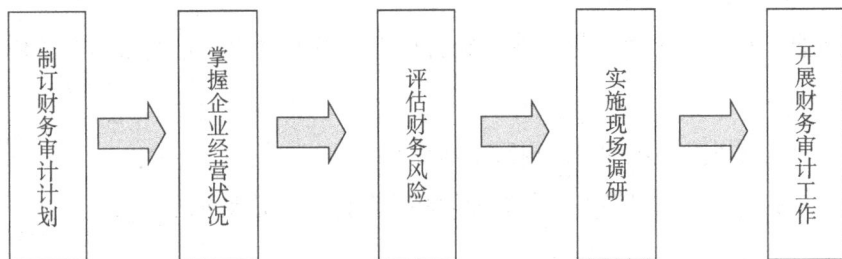

图 2-3　财务审计的步骤

第 1 步：制订财务审计计划

审计人员根据企业的实际情况，制订财务审计计划。计划主要包括审计内容、审计方法、审计人员及审计时间等。

第 2 步：掌握企业经营状况

审计人员要掌握企业的经营现状，关注企业的资金运转情况、投资能力、业务经营、供应商等因素，收集所需要的相关资料。

第 3 步：评估财务风险

审计人员要评估财务审计中存在的风险，避免影响企业的生产经营。审计人员也要具备相应的风险意识，避免数据造假、财务报告造假的发生。

第 4 步：实施现场调研

审计人员要深入财务审计的现场，掌握审计的相关资料，发现企业在生产经营过程中存在的问题或漏洞。

第 5 步：开展财务审计工作

审计部组织专业的审计人员，如经济、市场、技术、工程项目等方面的专业人才参与审计，对项目进行财务审计，保证审计的工作效率和审计的真实性。

2．2．4 风险管理审计

风险管理审计是指内部审计部门采用系统化、规范化的方法，进行风险识别、分析、评价、管理等一系列的审核活动。审计人员要判断风险所在及其等级，并针对不同风险，采取相应的审计策略。

（1）风险管理审计的内容

① 审计风险评估方法的有效性和适当性，判断风险发生的可能性和危害程度，对风险进行审查与评估。

② 审计风险管理机构、风险管理预警机制、风险应对与预防机构的有效性，判断其是否能及时识别、应对、防范风险。

（2）风险管理审计的策略

① 了解企业战略、价值目标，以及经营行为。识别出实现企业目标需要应对的主要风险。

② 了解企业的风险管理策略及风险应对措施。

③ 评价企业的风险应对措施，并有效地将风险降至可接受水平。

④ 关注风险管理缺口的有效性。

2．2．5 信息系统审计

信息系统审计是指审计部门对企业的信息系统及相关的信息技术部门的内部控制和流程进行审查与评价。信息系统审计主要是评价企业是否实现了信息技术管理目标，进而协助信息技术管理人员更好地履行职责。

（1）信息系统审计的内容

① 审计信息系统的控制形式是人工控制、自动控制，还是人工、自动相结合。

② 审计公司信息技术战略与业务战略的匹配度。

③ 审计升级信息技术管理过程中存在的风险。

④ 审计信息系统的使用情况，是否更好完成了信息的传达与沟通。

⑤ 审计信息安全管理的法律法规，查看公司的数据库、应用系统、操作系统的管理机制。

⑥ 审计公司的应用相关系统基础架构的变更、参数设置变更的授权与审批。

（2）信息系统审计的方式

审计人员在进行信息系统审计时，要选择合适的审计方式去评估信息系统内部控制的合理性和有效性。

① 询问相关控制人员。

② 观察特定控制的运用。

③ 审阅文件和报告及计算机文档或日志。

④ 根据信息系统的特性进行穿行测试，追踪交易在信息系统中的处理过程。

⑤ 验证系统控制和计算逻辑。

⑥ 登录信息系统进行系统查询。

⑦ 利用计算机辅助审计工具和技术。

⑧ 利用其他专业机构的审计结果或者组织对信息技术内部控制的自我评估。

2.3　审计团队建设

2.3.1　审计部门结构设计

审计部门的组织架构可依据企业的类型、规模、经营范围和管理体制的不同，设计不同的组织架构，设置不同的管理层次，并安排不同的人员。审计部门的结构设计如图 2-4 所示。

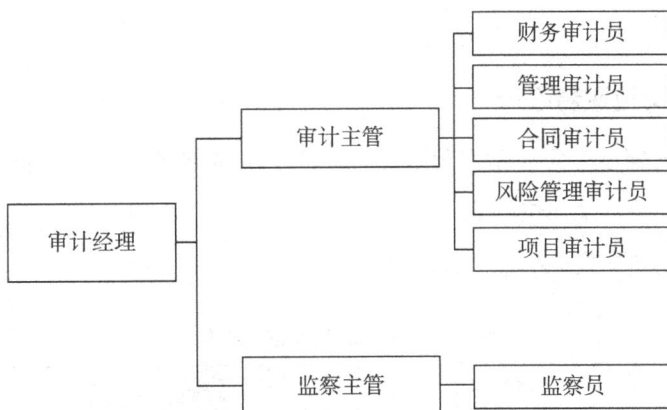

图 2-4　审计部门的结构设计

2.3.2　审计管理制度设计

审计管理制度能规范审计人员的审计行为，使审计工作有据可依。审计管理制度中包含不同种类的制度，审计管理制度设计如图 2-5 所示。

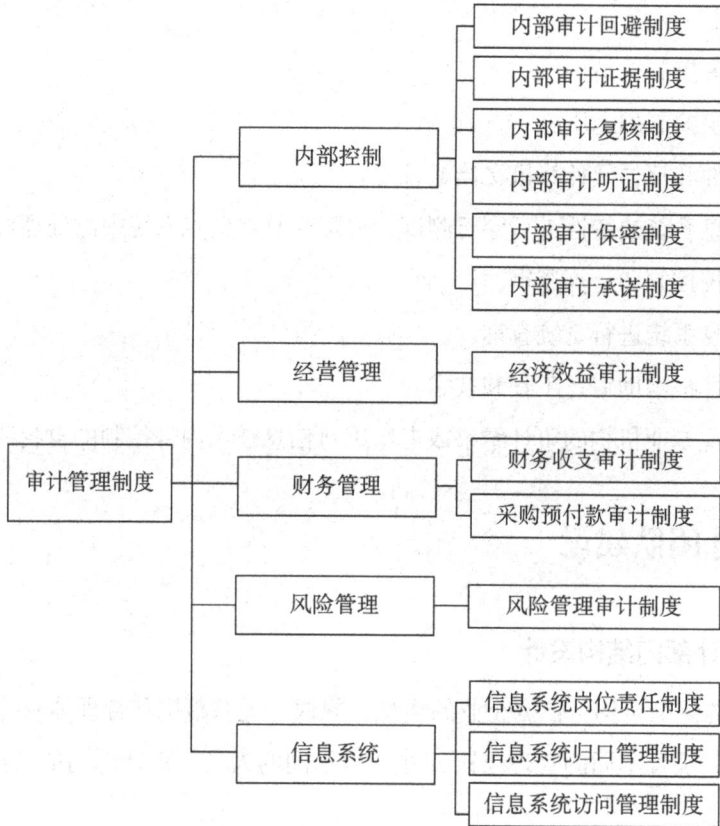

图 2-5　审计管理制度设计

2.3.3　审计岗位职责设计

审计岗位职责描述主要包括对审计部门各岗位的基本信息及工作职责进行详细描述，下面介绍了审计部的 6 个岗位的职责，具体如下。

（1）审计部经理岗位职责描述如表 2-3 所示

表 2-3　审计部经理岗位职责描述

岗位名称	审计部经理	所属部门	审计部
上　级	总经理	下　级	审计部主管
职责概述	审计部经理参与起草公司内部审计工作规划和计划，参与拟定内部控制制度，拟定审计标准，审核审计报告，监督检查审计意见执行情况		
工作职责	职责细分		
制订战略规划	◆ 按照企业年度审计工作规划制订年度审计计划，规划年度审计工作实施进程 ◆ 负责组织制定、修改企业的审计制度，建立健全内部审计工作流程，监督规章制度的实施		

（续表）

工作职责	职责细分
开展审计工作	◆ 负责对公司各项审计计划与执行情况进行检查监督，确保审计工作的完成 ◆ 负责审计报告与审计过程的审核，审核审计人员提出的审计意见，监督审计整改情况的落实 ◆ 组织对企业经营成果的真实性、准确性、合法性等进行审计，对各部门的各项财务收支、专项资金的核算和使用进行审计
开展沟通	◆ 负责审计过程中与相关部门的协调和沟通 ◆ 负责与总经理沟通审计结果和审议意见
内部事务管理	◆ 组织对审计部门的员工进行审计培训，对本部门员工的培训、奖惩、人事调整等方面提出建议 ◆ 负责审计部门内部档案资料的安全、完整、保密 ◆ 负责审计部门内部的日常事务管理，协调各岗位人员的分工合作，并负责审计部门员工的管理和考核

（2）审计部主管岗位职责描述如表 2-4 所示

表 2-4　审计部主管岗位职责描述

岗位名称	审计部主管	所属部门	审计部
上　级	审计部经理	下　级	审计专员
职责概述	审计部主管按照与内部审计有关的内部控制制度、审计标准，具体实施审计，出具审计报告，报审计经理复核，监督检查审计意见执行情况		

工作职责	职责细分
建立规章制度	◆ 参与制定审计部门内部以及审计相关的制度、规范、标准等，制订内部审计工作计划，规划部门的发展 ◆ 参与制定内部审计相关的审计流程和工作规范，明确具体的审计要求，对内部审计工作的开展提出建议
开展审计工作	◆ 制订审计计划，确定审计范围、内容、进度和人员安排，合理安排各种审计工作的开展 ◆ 完善不同审计项目的审计方案，并提出建设性的意见，组织审计方案的具体实施，并对其进行现场指导工作 ◆ 做好审计监督工作，定期检查各个审计项目的工作进度，检查审计工作停滞的原因，做好协调管理工作 ◆ 与被审计部门进行沟通，交换审计意见和建议，出具审计报告和整改通知书，审计报告通过后，组织后续审计 ◆ 负责对各个审计项目的风险进行分析和评价，识别审计过程中存在的风险 ◆ 负责审核各个审计项目的整改方案和后续审计方案 ◆ 负责监督被审计部门的整改，监督被审计部门的责任是否得到追究落实，监督整改落实过程中存在的问题和难点
内部事务管理	◆ 负责安排审计各岗位的工作任务，评估审计部工作人员的工作绩效，做好审计部工作人员的量化考核工作 ◆ 统一管理与审计部门有关的公司各种内外部文件和资料

（3）财务审计员岗位职责描述如表 2-5 所示

表 2-5　财务审计员岗位职责描述

岗位名称	财务审计员	所属部门	审计部
上　级	审计部主管	下　级	/
职责概述	财务审计员的主要职责是制定财务方面的审计方案，做好分配的审计任务，并做好资料的存档、保密工作		
工作职责	职责细分		
制定财务审计制度	◆ 参与编制并严格执行财务审计的规章制度和执行流程 ◆ 制订财务审计具体的工作计划并及时组织落实		
制定审计方案	◆ 根据审计要求，编制财务审计的审计方案，方案中要明确审计内容和审计范围，确定具体的审计时间、审计方法、审计手段等 ◆ 制定的财务审计方案要包括企业的资产、负债、损益等方面的内容		
下达审计通知书	◆ 财务审计方案经审批通过之后，编制审计通知书，通知被审计部门做好准备，并予以充分配合 ◆ 编制的审计通知书要明确财务审计的范围，包括资产使用情况、预算执行情况、债务权益说明情况等		
进行财务审计	◆ 检查被审计部门提供的财务数据是否真实可靠，检查资产负债表、损益表、现金流量表等是否齐全 ◆ 分析报表反映的财务状况、企业经营情况及资金流动情况，与历史数据进行比对分析，比较数据的变化 ◆ 按照审计方案，获得充分的财务审计证据，为公司运营提供增长性服务 ◆ 检查报表、发票、凭证是否符合企业财务制度的要求，检查是否符合审计制度，提出审计意见或建议 ◆ 协助后续财务审计工作的进行，协助财务审计方面的整改落实工作		
编制审计报告	编写财务审计底稿，与被审计部门沟通审议意见，编制财务审计报告，经审计主管和审计经理批准后，进行整改		
部门内部管理	◆ 整理、归档财务审计资料，管理财务审计档案 ◆ 按时完成领导交办的其他相关工作		

（4）管理审计员岗位职责描述如表 2-6 所示

表 2-6　管理审计员岗位职责描述

岗位名称	管理审计员	所属部门	审计部
上　级	审计部主管	下　级	/
职责概述	管理审计员的职责是贯彻执行公司的各种规章制度，制订审计管理方面的工作计划，做好审计资料的收集、保管、保密工作		
工作职责	职责细分		
审计工作管理	◆ 审计制度的建立、执行情况，评价管理风险，对制度执行中存在的问题予以及时反馈，通过审计逐步完善公司内控制度 ◆ 准备审计事项清单，与被审计部门讨论不足之处，向被审计部门提出改善管理、增加收入和节约成本的建议		

（续表）

工作职责	职责细分
审计工作管理	◆ 对公司经营管理情况进行专项审计 ◆ 评审公司内部控制制度的健全性和有效性，检查公司内部控制制度的执行情况，并对其有效性、合理性、经济性进行评价，为公司优化管理提出审计意见和建议
审计监督管理	◆ 协助审计主管对重大投诉事项、舞弊案件进行专项调查，对各种审计事项进行监督管理 ◆ 跟踪公司的经营活动情况，对公司经济活动和重要的经济合同进行审计监督 ◆ 对拒绝审计和弄虚作假、破坏审计工作的被审计对象，采取必要的临时措施，提出追究被审计对象责任的建议
编制审计报告	◆ 根据审计事项编制审计管理工作底稿，提出审计意见和建议，编写内部审计报告 ◆ 编制后续审计报告，根据审计整改情况和后续整改，查看审计过程中的问题是否得到解决和落实
其他事项管理	◆ 负责有关审计资料的调查、收集、整理、建档、保密工作 ◆ 参与审计相关业务制度和业务知识的学习和培训，不断提升自身的审计业务能力和审计水平 ◆ 做好审计管理系统的数据管理和安全运行维护工作

（5）合同审计员岗位职责描述如表 2-7 所示

表 2-7　合同审计员岗位职责描述

岗位名称	合同审计员	所属部门	审计部
上　　级	审计部主管	下　　级	/
职责概述	合同审计员的职责是审计公司的各类合同，发现合同中潜在的风险或漏洞，做好合同材料的归档、保存、保密工作		
工作职责	职责细分		
完善规章制度	◆ 完善公司合同审计制度，规范合同审计人员的审计行为，协助审计主管按照审计流程和制度办事 ◆ 负责完善公司合同审计工作程序，简化合同审计的步骤，提高合同审计的工作效率，保证审计质量		
编制审计方案	编制合同审计方案，明确合同审计的审计范围、审计时间、审计人员，确定具体的审计实施步骤和工作安排		
合同审计管理	◆ 负责审计合同，包括销售合同、供应商合同、投资合同、劳动合同、代理合同和承包合同等 ◆ 审计合同的各项条款，指出合同中存在的潜在风险或漏洞，减少合同存在的风险，保证公司正常的生产经营 ◆ 审计各类合同的审批情况，确保所有超出权限的合同条款都依据相关政策和程序得到适当批准，确保合同评审文件信息的准确性和真实性		
合同审计监督	◆ 监督合同审计的过程，保证各类合同的真实性和有效性，避免弄虚作假，保证合同审计的顺利进行 ◆ 监督审计后的整改情况，查看有问题的合同是否得到修改，是否及时避免了企业的重大损失		

（续表）

工作职责	职责细分
编制审计报告	◆ 根据合同审计情况，编制审计合同底稿，与被审计部门沟通审计意见，要求被审计部门回应相关质疑，给出明确的证据 ◆ 根据沟通后的意见，编制审计报告，提出审计意见或建议，做出整改或责任追究的建议 ◆ 编制后续审计报告，报告中要明确合同审计的问题是否得到整改落实，将报告提交给主管进行审批
其他事项管理	◆ 整理合同审计的相关资料，做好存档、保密工作 ◆ 按时完成主管交办的其他相关工作

（6）风险管理审计员岗位职责描述如表 2-8 所示

表 2-8　风险管理审计员岗位职责描述

岗位名称	风险管理审计员	所属部门	审计部
上　　级	审计部主管	下　　级	/
职责概述	风险管理审计员的职责是审计企业经营过程中存在的各类风险，识别风险，协助主管人员做好风险应对和风险防范		
工作职责	职责细分		
建立风险管理制度	◆ 协助审计主管设计和建立风险管理审计的相关制度、流程、规范，保证审计工作能顺利实行 ◆ 根据历史审计过程中出现的问题或风险，完善风险管理的相关机制，不断完善对审计工作的管理		
风险管理审计	◆ 负责对企业内部风险控制机制进行审计，识别各业务存在的各种风险 ◆ 根据对被审计部门的了解，通过运用一定的审计手段，分析、判断被审计部门的风险所在及其程度		
风险应对管理	◆ 负责针对不同风险程度采取相应的审计策略，加强对高风险点的实质性测试，将内部审计的风险控制在可接受水平 ◆ 分析和评价潜在的风险，并针对内部风险控制机制的建立提出合理化建议 ◆ 负责调查、评价内部风险控制机制的运行效果，进而对风险控制措施的有效性进行分析和评价 ◆ 负责为企业风险控制体系的建立和完善提出合理化建议		
其他工作事项	◆ 定期进行培训和学习，参加风险管理审计方面的讲座或研讨会，了解并识别新的公司风险 ◆ 负责不断提高自身的专业知识和能力，不断充实自己，学习新的知识和技能，能独立完成某些工作		

内部审计岗位轮换制度

2.3.4　审计部门考核设计

为进一步加强对审计部门各岗位的考核，不断推进审计工作的促进，进一步提高审计部门的工作效率，需要对审计部门的岗位进行考核设计，下面介绍 6 个岗位的考核内容设计。

（1）审计经理考核设计

审计经理的主要职责是对各项审计工作进行管理，做好监管，保证审计工作的顺利开展。审计经理考核设计如表 2-9 所示。

表 2-9　审计经理考核设计

岗位名称		审计部经理	所属部门		审计部
被考核人姓名			考核时间		
考核维度	权重	指标说明及考核标准			考核得分
部门工作计划完成率	10%	1. 部门工作计划完成率 = $\dfrac{实际完成的部门工作计划数量}{计划完成部门工作计划数量} \times 100\%$ 2. 考核期内，指标值达____%，每降低____个百分点，扣____分，扣完为止			
部门费用控制情况	15%	1. 考核期内，部门费用应控制在预算范围内 2. 考核期内，指标值达____元，每增加____元，扣____分，扣完为止			
审计任务分配及时率	10%	1. 审计任务分配及时率 = $\dfrac{审计任务分配及时的次数}{审计任务分配的总次数} \times 100\%$ 2. 考核期内，指标值达____%，每降低____个百分点，扣____分，扣完为止			
审计报告审核率	15%	1. 审计报告审核率 = $\dfrac{审计报告审核的份数}{审计报告提文的份数} \times 100\%$ 2. 考核期内，指标值达____%，每降低____个百分点，扣____分，扣完为止			
审计报告证据充分性	20%	考核期内，因审计证据不足而使审计报告推翻的次数少于____次，每增加____次，扣____分，扣完为止			

（续表）

考核维度	权重	指标说明及考核标准	考核得分
审计结果准确率	15%	1. 审计结果准确率 = $\dfrac{\text{审计结果准确的次数}}{\text{审计次数}} \times 100\%$ 2. 考核期内，指标值达____%，每降低____个百分点，扣____分，扣完为止	
审计问题追踪检查率	15%	1. 审计问题追踪检查率 = $\dfrac{\text{审计问题追踪检查的数量}}{\text{审计问题的总数量}} \times 100\%$ 2. 考核期内，指标值达____%，每降低____个百分点，扣____分，扣完为止	
考核得分总计			
被考核人（签字）		日期	
考核人（签字）		日期	

（2）审计主管考核设计

审计主管的主要职责是协助审计经理做好相关的审计工作，为审计员分配审计任务，管理审计部门内部的各项事务。审计部主管考核设计如表 2-10 所示。

表 2-10　审计主管考核设计

岗位名称		审计主管	所属部门		审计部
被考核人姓名			考核时间		
考核维度	权重	指标说明及考核标准			考核得分
审计任务完成率	10%	1. 审计任务完成率 = $\dfrac{\text{实际完成审计任务数量}}{\text{计划完成审计任务数量}} \times 100\%$ 2. 考核期内，指标值达____%，每降低____%，扣____分，扣完为止			
审计调查工作开展及时率	10%	1. 审计调查工作开展及时率 = $\dfrac{\text{审计调查工作开展及时的次数}}{\text{审计调查的总次数}} \times 100\%$ 2. 考核期内，指标值达____%，每降低____%，扣____分，扣完为止			
审计报告提交及时率	10%	1. 审计报告提交及时率 = $\dfrac{\text{审计报告及时提交的次数}}{\text{审计报告提交的总次数}} \times 100\%$ 2. 考核期内，指标值达____%，每降低____%，扣____分，扣完为止			
审计报告证据充分性	15%	考核期内，因审计证据不足而使审计报告推翻的次数少于____次，每增加____次，扣____分，扣完为止			

（续表）

考核维度	权重	指标说明及考核标准	考核得分
审计结果差错率	15%	1. 审计结果差错率 = $\dfrac{审计结果出错误的次数}{审计的次数} \times 100\%$ 2. 考核期内，指标值达____%，每增加____%，扣____分，扣完为止	
审计问题追踪检查率	15%	1. 审计问题追踪检查率 = $\dfrac{审计问题追踪检查的数量}{审计问题的总数量} \times 100\%$ 2. 考核期内，指标值达____%，每降低____%，扣____分，扣完为止	
审计底稿保存完整性	15%	考核期内，审计底稿应保存完整，每减少____份，扣____分，扣完为止	
审计文件归档及时率	10%	1. 审计文件归档及时率 = $\dfrac{审计文件及时归档的数量}{审计文件的总数量} \times 100\%$ 2. 考核期内，指标值达____%，每降低____%，扣____分，扣完为止	
考核得分总计			
被考核人（签字）		日期	
考核人（签字）		日期	

（3）财务审计员考核设计

财务审计员的主要职责是按照审计主管的要求完成财务审计工作，保证审计结果的正确性，避免财务风险。财务审计员考核设计如表 2-11 所示。

表 2-11　财务审计员考核设计

岗位名称	财务审计员		所属部门	审计部
被考核人姓名			考核时间	
考核维度	权重	指标说明及考核标准		考核得分
财务审计任务完成率	10%	1. 财务审计任务完成率 = $\dfrac{财务审计任务完成的数量}{财务审计任务的总数量} \times 100\%$ 2. 考核期内，指标值达____%，每降低____个百分点，扣____分，扣完为止		
会计凭证审核及时率	10%	1. 会计凭证审核及时率 = $\dfrac{会计凭证审核及时的次数}{会计凭证审核的次数} \times 100\%$ 2. 考核期内，指标值达____%，每降低____个百分点，扣____分，扣完为止		
财务账款核实准确率	20%	1. 财务账款核实率 = $\dfrac{财务账款核实准确的次数}{财务账款核实的总次数} \times 100\%$ 2. 考核期内，指标值达____%，每降低____个百分点，扣____分，扣完为止		

（续表）

考核维度	权重	指标说明及考核标准	考核得分
财务费用核实差错率	20%	1. 财务费用核实差错率 = $\dfrac{\text{财务费用核实错误的次数}}{\text{财务费用核实的次数}} \times 100\%$ 2. 考核期内，指标值达____%，每增加____个百分点，扣____分，扣完为止	
财务风险识别率	20%	1. 财务风险识别率 = $\dfrac{\text{财务风险识别的次数}}{\text{财务风险发生的次数}} \times 100\%$ 2. 考核期内，指标值达____%，每降低____个百分点，扣____分，扣完为止	
财务报表审核及时率	10%	1. 财务报表审核及时率 = $\dfrac{\text{财务报表审核及时的次数}}{\text{财务报表审核的次数}} \times 100\%$ 2. 考核期内，指标值达____%，每降低____个百分点，扣____分，扣完为止	
审计证据齐全性	10%	1. 考核期内，审计证据应充分、可靠、完整，得____分， 2. 考核期内，审计证据缺少____份，扣____分，扣完为止	
考核得分总计			
被考核人（签字）		日期	
考核人（签字）		日期	

（4）管理审计员考核设计

管理审计员的主要职责是对企业的经营管理进行审计，发现审计部门的不足，编制审计工作底稿。管理审计员考核设计如表 2-12 所示。

表 2-12　管理审计员考核设计

岗位名称	管理审计员		所属部门	审计部
被考核人姓名			考核时间	
考核维度	权重	指标说明及考核标准		考核得分
管理审计工作按时完成率	20%	1. 管理审计工作按时完成率 = $\dfrac{\text{管理审计工作按时完成的数量}}{\text{管理审计工作的总数量}} \times 100\%$ 2. 考核期内，指标值达____%，每降低____个百分点，扣____分，扣完为止		
责任与投诉审计工作按时完成率	20%	1. 责任与投诉审计工作按时完成 = $\dfrac{\text{责任与投诉审计工作按时完成的数量}}{\text{责任与投诉审计工作的总数量}} \times 100\%$ 2. 考核期内，指标值达____%，每降低____个百分点，扣____分，扣完为止		

（续表）

考核维度	权重	指标说明及考核标准	考核得分
审计报告一次性通过率	20%	1. 审计报告一次性通过率 = $\dfrac{\text{审计报告一次性通过的次数}}{\text{审计报告提交的总次数}} \times 100\%$ 2. 考核期内，指标值达____%，每降低____个百分点，扣____分，扣完为止	
管理问题追踪检查率	20%	1. 管理问题追踪检查率 = $\dfrac{\text{管理问题追踪检查的数量}}{\text{管理问题的总数量}} \times 100\%$ 2. 考核期内，指标值达____%，每降低____个百分点，扣____分，扣完为止	
审计建议被采纳率	20%	1. 审计建议采纳率 = $\dfrac{\text{审计建议被采纳的次数}}{\text{提出审计建议的总次数}} \times 100\%$ 2. 考核期内，指标值达____%，每降低____个百分点，扣____分，扣完为止	
考核得分总计			
被考核人（签字）		**日期**	
考核人（签字）		**日期**	

（5）合同审计员考核设计

合同审计员的主要职责是审计企业内部的各项合同，审计合同中潜在的风险，发现存在问题的合同，帮助企业降低合同带来的风险。合同审计员考核设计如表2-13所示。

表 2-13　合同审计员考核设计

岗位名称		合同审计员	所属部门		审计部
被考核人姓名			**考核时间**		
考核维度	**权重**	**指标说明及考核标准**			**考核得分**
合同审计任务完成率	20%	1. 合同审计任务完成率 = $\dfrac{\text{合同审计任务完成的数量}}{\text{合同审计任务的总数量}} \times 100\%$ 2. 考核期内，指标值达____%，每降低____个百分点，扣____分，扣完为止			

（续表）

考核维度	权重	指标说明及考核标准	考核得分
合同条款变更审核及时率	15%	1. 合同条款变更审核及时率 $= \dfrac{合同条款变更审核及时的次数}{合同条款变更审核的次数} \times 100\%$ 2. 考核期内，指标值达___%，每降低___个百分点，扣___分，扣完为止	
合同风险分析报告按时提交率	15%	1. 合同风险分析报告按时提交率 $= \dfrac{合同风险分析报告按时提交的次数}{合同风险分析报告提交的次数} \times 100\%$ 2. 考核期内，指标值达___%，每降低___个百分点，扣___分，扣完为止	
问题合同未被审核出的件数	20%	考核期内，指标值为___次，每增加___次，扣___分，扣完为止	
违反合同审核程序的次数	15%	考核期内，指标值为___次，每增加___次，扣___分，扣完为止	
合同文件归档及时率	15%	1. 合同文件归档及时率 $= \dfrac{审计文件及时归档的数量}{审计文件的总数量} \times 100\%$ 2. 考核期内，指标值达___%，每降低___%，扣___分，扣完为止	
考核得分总计			
被考核人（签字）		日期	
考核人（签字）		日期	

（6）风险管理审计员考核设计

风险管理审计员的主要职责是识别企业经营管理过程中存在的风险，分析和评估风险的影响程度，为企业的风险管理提供建议。风险管理审计员考核设计如表2-14所示。

表2-14　风险管理审计员考核设计

岗位名称	风险管理审计员	所属部门		审计部
被考核人姓名		考核时间		
考核维度	权重	指标说明及考核标准		考核得分
风险管理审计任务完成率	20%	1. 风险管理审计任务完成率 $= \dfrac{风险管理审计任务完成的数量}{风险管理审计任务的总数量} \times 100\%$ 2. 考核期内，指标值达___%，每降低___个百分点，扣___分，扣完为止		

（续表）

考核维度	权重	指标说明及考核标准	考核得分
风险审计计划按时提交率	20%	1. 风险审计计划按时提交率 $= \dfrac{\text{风险审计计划按时提交的次数}}{\text{风险审计计划提交的次数}} \times 100\%$ 2. 考核期内，指标值达＿＿%，每降低＿＿个百分点，扣＿＿分，扣完为止	
风险调查计划完成率	20%	1. 风险调查计划完成率 $= \dfrac{\text{风险调查计划完成的数量}}{\text{风险调查计划的总数量}} \times 100\%$ 2. 考核期内，指标值达＿＿%，每降低＿＿个百分点，扣＿＿分，扣完为止	
风险分析报告按时提交率	20%	1. 风险分析报告按时提交率 $= \dfrac{\text{风险分析报告按时提交的次数}}{\text{风险分析报告提交的次数}} \times 100\%$ 2. 考核期内，指标值达＿＿%，每降低＿＿个百分点，扣＿＿分，扣完为止	
风险控制建议采纳率	20%	1. 风险控制建议采纳率 $= \dfrac{\text{风险控制建议被采纳的次数}}{\text{提出风险控制建议的总次数}} \times 100\%$ 2. 考核期内，指标值达＿＿%，每降低＿＿个百分点，扣＿＿分，扣完为止	
考核得分总计			
被考核人（签字）		日期	
考核人（签字）		日期	

2.4　审计人员的职业道德与法律规范

2.4.1　审计人员的职业道德

　　为规范内部审计人员的审计行为，确保内部审计人员遵守审计规范、履行审计职责，内部审计人员应具备相应的职业道德。内部审计人员在审计工作中应具备的职业道德如表 2-15 所示。

表 2-15　审计人员的职业道德

职业道德	具体内容
诚实守信	◆ 内部审计人员在进行内部审计工作时，要诚实守信，不得隐瞒审计过程中发现的任何问题，也不能弄虚作假 ◆ 内部审计人员在审计过程中，在没有足够证据的支持下，不能做出相应的判断或误导性的结论
廉洁奉公	◆ 内部审计人员在工作中，不得收取贿赂，不能以职位之便谋取私利 ◆ 内部审计人员在审计过程中发现重大问题的，要及时上报，不能畏惧外界的压力，违反审计原则
保密	◆ 内部审计人员在工作中，要严格履行保密义务，不得泄露任何审计相关的内容 ◆ 内部审计人员不得利用审计过程中收集的信息谋取私利，不得向外泄露 ◆ 内部审计人员在社会交往过程中，要避免不经意泄露公司的机密，警惕非故意泄密的可能
爱岗敬业	◆ 内部审计人员在审计过程中，要具有任职资格和实践经验，要掌握基本的审计知识和审计相关的技能 ◆ 内部审计人员要掌握审计、经济、财务、统计、风险、内控、信息技术等专业知识，能胜任相关的审计工作 ◆ 内部审计人员要不断提升自己，掌握审计相关的其他知识，不断提升自己的专业胜任能力
辩证客观	内部审计人员在进行审计工作时，要辩证客观的看待问题，实事求是，不能被主观因素影响判断

2.4.2　审计人员应遵守的法律法规

审计人员在审计工作过程中，应遵守相应的法律法规，以确保审计工作合法、合规，保证审计人员的行为符合法律规范。

（1）审计法

《中华人民共和国审计法》是审计工作的基本法律依据，它以法律的形式确定了审计工作的地位、任务和作用，规定了审计工作的基本准则。根据《中华人民共和国审计法》的规定，审计人员要遵守以下规定。

① 审计人员不得参加可能影响其依法独立履行审计监督职责的活动，不得干预、插手被审计部门及其相关部门的正常生产经营和管理活动。

② 审计人员办理审计事项时，与被审计部门或者审计事项有利害关系的，应当回避。

③ 审计人员对在执行职务中知悉的国家秘密、工作秘密、商业秘密、个人隐私和个人信息，应当予以保密，不得泄露或者向他人非法提供。

④ 审计人员滥用职权、徇私舞弊、玩忽职守或者泄露、向他人非法提供所知悉的国家秘密、工作秘密、商业秘密、个人隐私和个人信息的，依法给予处分；构成犯罪的，依

法追究刑事责任。

（2）审计准则

企业的审计准则主要是《内部审计准则》。该准则适用于各类组织的内部审计机构、内部审计人员及其从事的内部审计活动。其他组织或者人员接受委托、聘用，承办或者参与内部审计业务，也应当遵守本准则。

（3）内审制度

企业如果没有健全的内部审计制度做基础，审计工作就无法开展。如果没有良好的企业内部控制，会计、财务信息就会失真，管理人员责任就会不明确，从而出现混乱等现象，增加内部审计风险。因此，企业应建立健全内部审计控制制度，并在制度中强调以下4项内容。

① 重视审前调查，熟悉审计环境，确定审计重点和难点，从而制定准确的、有针对性的审计实施方案，提高审计工作效率。

② 认真查阅、分析被审计单位工作总结、财务分析、重大决策等材料，将重要信息与账面核对，对不一致的情况应追根溯源。

③ 充分利用审计资源，调阅被审计单位以前年度的审计档案、会计师事务所年检报告等，有利于尽快掌握情况，确定审计方向和重点，缩减审计取证时间。

④ 在审计过程中，发现重大问题应及时向领导请示汇报，将有利于研究部门制定相应的审计对策。

第3章
审计工作准备

3.1 明确审计事项

3.1.1 确定审计项目

审计项目的确定是审计工作可以正式开展的基础，审计部门应在审计项目确定后再进行下一步工作。为做好审计项目确定工作，审计人员应按照一定步骤进行，如图3-1所示。

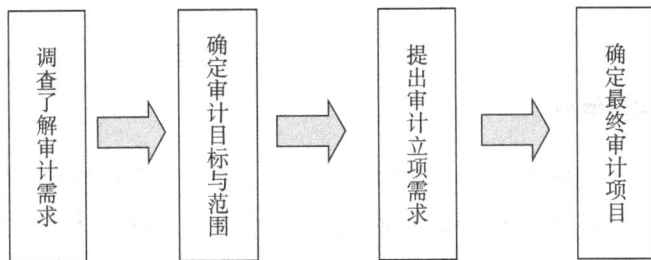

图3-1 审计项目确定步骤

第1步：调查了解审计需求

审计人员在企业内部展开调查，通过走访、实地调查等方式，收集相关审计资料，整理审计数据，征集企业管理层以及企业中各部门的审计需求。

第2步：确定审计目标与范围

审计人员根据征集到的审计需求，结合企业实际运行情况，合理确定审计目标与范围，确保审计工作有目标且高效地进行。

第3步：提出审计立项需求

审计人员对审计需求进行整理，结合现有可支配审计资源以及审计目标和范围，提出审计立项需求，并明确审计项目定位、审计对象、审计目标、审计实施安排等。

第4步：确定最终审计项目

审计人员在提出审计立项后，应向审计部主管提出申请，审计部主管结合公司审计计划与审计资源，对审计项目进行审批，审批通过后确定最终审计项目。

3.1.2 开展项目综合评估

在审计项目确定之后，审计人员应开展项目综合评估，再按照相应规程操作。审计人员在开展项目综合评估时，应重点关注的内容如图3-2所示。

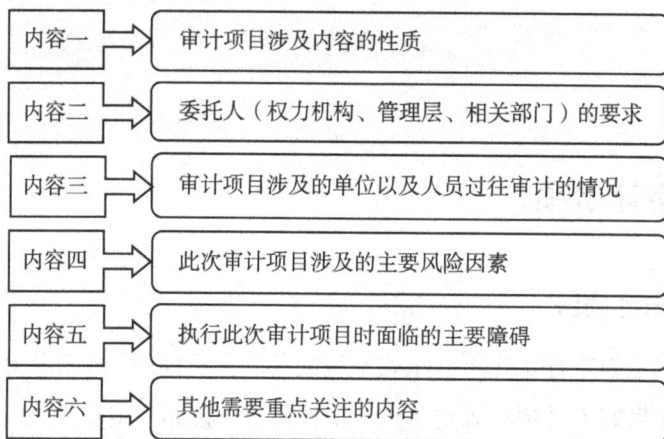

图3-2 项目综合评估内容

3.1.3 制作调查问卷

审计人员根据审计项目的要求以及项目综合评估结果，制作具有针对性、客观性、原则性的调查问卷。调查问卷的制作是否得当，直接会影响后续审计工作的质量。下面是一份审计调查问卷的示例，仅供参考。

××项目审计调查问卷

一、单位基本情况

单位名称：＿＿＿＿＿＿＿＿＿＿＿（加盖单位公章）

单位地址：＿＿＿＿＿＿＿＿＿＿＿

单位邮编：＿＿＿＿＿＿＿＿＿＿＿

二、项目基本情况

项目名称：＿＿＿＿＿＿＿＿＿＿＿ 项目起始时间：＿＿＿＿＿＿＿＿＿＿＿

（续）

项目所属行业：_____　项目类型：_____

项目计划完成时间：_____　项目实际完成时间：_____

项目主要内容：_____

三、项目资金情况

1. 项目计划投资：_____ 万元

　　项目资金来源：

□公司自有资金　　　□银行贷款　　　□其他方式：_____

2. 已完成投资总额：_____万元

3. 剩余项目资金未到位原因：_____

4. 项目执行期间资金支出情况

人员经费：_____万元

设备经费：_____万元

差旅费：_____万元

会议费：_____万元

交流费：_____万元

专家咨询费：_____万元

管理费：_____万元

贷款利息：_____万元

流动资金：_____万元

其他：_____万元

5. 项目资金是否单独列账：　□是　　　　□否

　　项目资金是否专款专用：　□是　　　　□否

6. 审计机构的人员与数量：_____

四、项目执行情况

1. 项目进展情况

□按计划执行　　　□进度超前　　　□停顿　　　□其他

2. 项目进展后三项原因：_____

3. 项目执行获得成果：_____

4. 项目效益情况

经济效益：_____

（续）

社会效益：_____

五、项目意见与建议

项目意见与建议：_____

六、项目单位确认

项目单位：_____（加盖公章） 填表日期：_____

七、审计核实意见

（本栏由审计人员填写）：_____

3. 1. 4 制定审计清单

拟定审计清单是审计准备工作中重要的一环，清单中必须包括必要的信息，但又要简洁明了，以确保在审计工作期间有效完成。常见审计清单内容如图 3-3 所示。

审计清单内容

1. 科目余额表	10. 支票登记簿
2. 资产负债表	11. 各种发票存根、发票使用情况
3. 利润表	12. 报销凭证、字据等
4. 现金盘点表	13. 现有财务会计制度
5. 固定资产明细表	14. 报销流程
6. 开户银行许可证	15. 过往审计报告
7. 银行对账单	16. 长短期投资协议
8. 银行存款余额调节表	17. 借款合同
9. 往来款明细表	

图 3-3 常见审计清单内容

公司产品成本审计立项申请书

3.2 风险评估

3.2.1 风险评估方法

审计风险评估通常是指审计人员接受审计项目后，在初步了解被审计单位基本情况的基础上，采用一定的审计手段，对审计项目可能存在的风险进行评估。为提高审计风险评估的准确性与可信度，审计人员应采用一定的审计风险评估方法开展工作，具体内容如表 3-1 所示。

表 3-1　风险评估方法

方法名称	具体解释	优点	缺点
风险因素分析法	是指对可能导致风险产生的因素进行评价分析，从而确定风险发生概率或大小的评估方法	这种方法操作简便，审计人员可以迅速找到风险产生的因素并对其做出判断，很快对审计风险做出判断	这种方法往往带有一定的主观性，评估结果容易受到影响
模糊综合评价法	这是以模糊数学为运算工具，在常规方法评估结果的基础上进行双权数的模糊综合评价的一种方法	运用此种方法得出的审计风险评估结果，往往更加准确与可信	此种方法容易受到客观条件的限制，比如审计风险的评估成本、被审计单位的规模等
分析性审核法	是指有关人员对被审计单位重要的比率或趋势进行分析，从而得到风险评估结果的一种方法	这种方法对预期审计风险评估、检查风险评估，以及终极审计风险评估有重要作用	这种方法本身就会产生风险，因为其结果的有效性取决于使用数据的可靠性，以及这些数据同有关审计目标的相关性
定性风险评价法	是指那些通过观察、调查与分析、借助于经验、专业标准、专业判断等对风险进行定性评估的一切方法	此种方法不需要统计资料和复杂的数学预算，因此进行起来比较容易，由于采用系统工程的思想，还能将风险因素按重要程度进行分类	这种方法借助观察、调查、分析等方式对风险进行评估，对审计人员的经验与素质要求较高
风险率风险评价法	此种方法要先计算出风险率，然后把风险率与风险率安全指标相比较，最终得出审计风险评估结果	这种方法精准度高、得到的审计风险评估结果较为可靠，适用范围较广	此种方法需要大量的足够的统计资料，还需要进行大量的概率分布以及数理统计等数学运算

3.2.2 风险评估流程

审计人员在确定了风险评估方法后，应制定风险评估流程，以提高审计效率，规范审计行为。风险评估流程如图 3-4 所示。

（1）风险评估流程

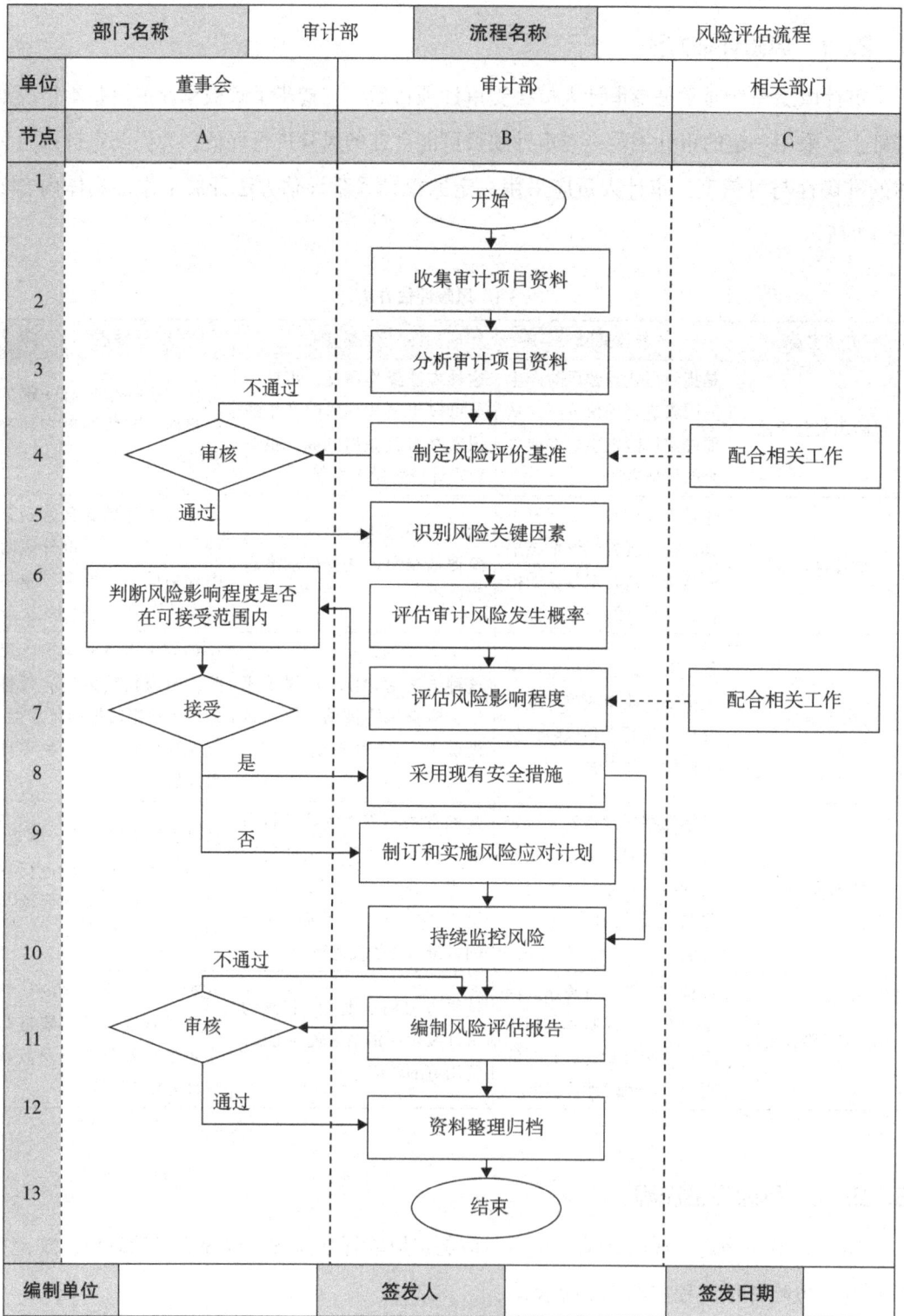

图 3-4　风险评估流程

（2）执行关键点

风险评估流程执行关键点如表 3-2 所示。

表 3-2　风险评估流程执行关键点

关键节点	细化执行
B4	审计部根据审计项目资料分析结果，以及审计项目实际情况，制定风险评价基准，审计人员据此展开风险评估工作
	审计部制定风险评价基准以后，交由总经办审核
B5	审计部对风险关键因素进行识别，包括资产识别、威胁识别、脆弱性识别
B7	审计部对此次审计风险进行评估，确定其影响程度，并交由总经办判断是否可以接受此次风险带来的影响
A7	若董事会对此次风险持有可接受态度，则审计部可以采用现有安全措施。若董事会对此次风险持不接受态度，审计部则需要重新制订与实施风险应对计划

3.2.3　评估重大错报风险

重大错报风险是指财务报表在审计前存在重大错报的可能性，重大错报风险通常由战略风险、经营流程风险、控制风险和会计风险组成，具体如图 3-5 所示。

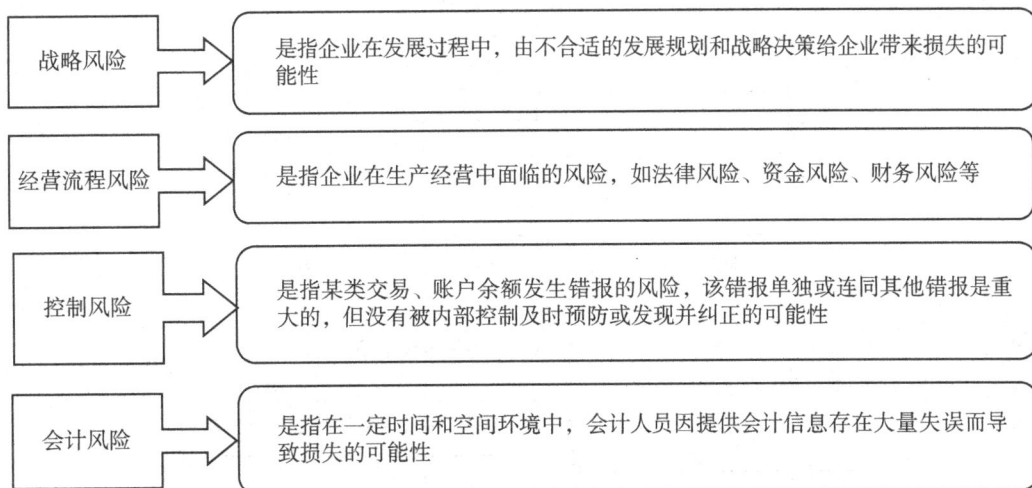

图 3-5　重大错报风险

内部审计风险模型

3．3　制定审计方案

3．3．1　确定审计流程

审计人员在开展审计工作之前，应先确定审计流程，使审计工作能按规范程序展开，审计人员工作效率提升，审计结论可信度增加。审计流程如图3-6所示。

（1）审计流程图

部门名称		审计部	流程名称	审计流程
单位	总经办	财务部	审计部	被审计单位（部门）
节点	A	B	C	D

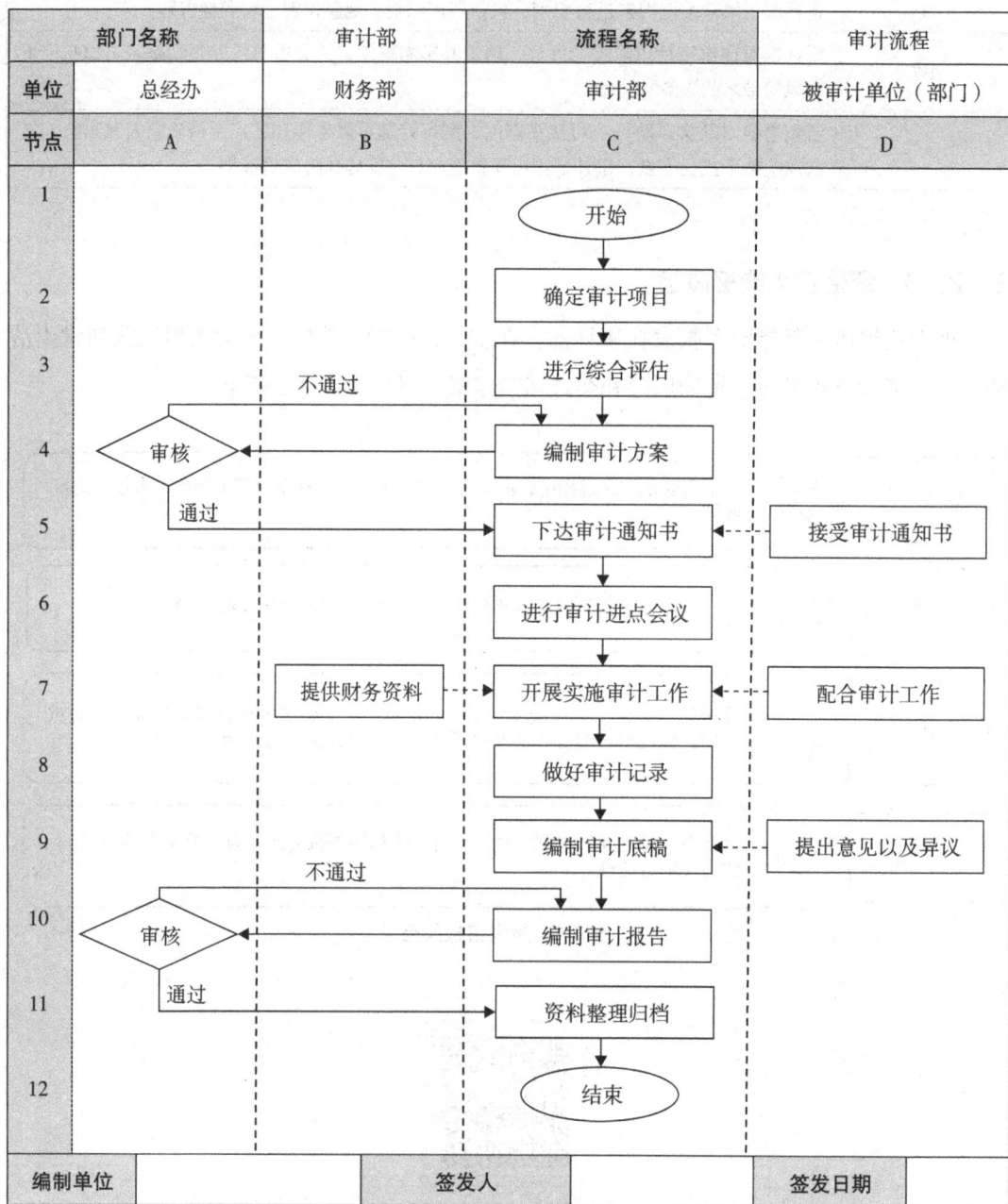

图3-6　审计流程

（2）执行关键点

审计流程执行关键点如表 3-3 所示。

表 3-3　审计流程执行关键点

关键节点	细化执行
C4	审计部根据审计项目实际情况与项目评估结果，制定审计方案，交由总经办审核，审计方案中应包括审计项目、被审计单位（部门）、审计内容等
C5	审计部在审计方案得到批准后，向被审计单位下达审计通知书，审计通知书通常在工作开展前三天送达被审计单位（部门）
C7	审计部在进行审计进点会议之后，开展审计实施工作，财务部与被审计单位（部门）配合其工作，提供相关资料以及建议
C10	审计部根据实际审计情况以及审计底稿编制审计报告，并交由总经办审批

3.3.2　选择审计方法

审计方法是审计人员在审计活动中所用的各种手段的总称，审计人员在开展审计工作时，要根据实际情况选择合适的审计方法，常见审计方法如表 3-4 所示。

表 3-4　常见审计方法

方法名称	具体解释	优点	缺点
审计经验判断法	是指审计人员凭借长期从事审计工作积累的经验以及过往的知识储备，还有持续学习的专业技能和能力，来对项目进行审计的方法	这种方法操作较为简单、便捷，能够较为迅速地得出最终结论	对审计人员的要求较高，最终得出的结论较于其他方法来说，准确性与可靠性较低
追踪资金流向审计法	是指审计人员通过追踪资金流向来完成审计工作的一种方法	这种方法在实际工作中便于操作与执行，资金流转的每一个环节都在审计人员的可控范围内	使用这种方法需要花费大量的时间与精力，容易导致审计成本增加
走访调查审计法	是指审计人员通过走访调查获取审计证据从而得出审计结论的一种方法	这种方法操作简便、快捷、相较于其他方法而言周期短，能够节省一部分人力物力，降低审计成本	这种方法得到的审计证据容易受到主观因素的干扰，需要审计人员突击进行
分析性复核审计法	是指审计人员应用自身专业技术知识对被审计单位提供的各种有关资料的真实性、完整性、合法性等进行分析复查的一种方法	这种方法得出的审计结论较为可信，相较于其他方法，此种方法应用范围较广，受到限制较少	此种方法得出的结论有效性取决于所用数据资料的有效性，一旦数据资料发生错误，必将影响审计结论

3.3.3 制定审计工作方案

审计工作方案是对审计项目的具体程序以及时间、审计方式等做出的详细安排，审计人员应在正式开展工作之前制定好审计工作方案，并交由审计负责人审批，下面以经济责任审计为例，提供一则审计工作方案模板，仅供参考。

经济责任审计工作方案

一、目的

为规范经济责任审计工作，提高经济责任审计质量，确保经济责任审计工作正常进行，根据国家法律法规以及公司规章制度，特制定本方案。

二、审计对象以及期限

本次经济责任审计主要针对李某、王某、宋某三位管理人员，审计对象及审计期限如下所述。

1. 李某，××部主管，审计期限为20××年××月××日至20××年××月××日。

2. 王某，××研究处主管，审计期限为20××年××月××日至20××年××月××日。

3. 宋某，××部经理，审计期限为20××年××月××日至20××年××月××日。

三、审计主要内容

1. 是否按照公司经济政策以及规章制度，推动公司经济发展。

2. 对本单位（部门）重大发展规划、业务执行以及效果负责情况。

3. 对本单位（部门）治理结构的建立、健全和运行的负责情况。

4. 本单位（部门）相应管理制度以及内部控制制度和风险管理制度的建立健全及执行情况。

5. 本单位（部门）重大经济事项决策程序的执行情况以及效果。

6. 在职期间的财务收支的真实合法情况以及资产的管理情况。

7. 以往审计发现问题的整改情况。

8. 其他需要审计的内容。

四、审计工作组安排

1. 此次经济责任审计工作由审计部负责实施，其他相关人员配合工作。

2. 财务部、人事部、资产管理处等部门协助审计部进行工作。

（续）

五、审计时间安排

1. 在20××年××月××日之前完成对李某的经济责任审计工作。

2. 在20××年××月××日之前完成对王某的经济责任审计工作。

3. 在20××年××月××日之前完成对宋某的经济责任审计工作。

六、审计工作程序

1. 审计部组成审计组，审计组制定项目审计实施方案，报审计部主管审批后实施。

2. 审计组编制经济责任审计通知书，并将其送达被审计对象。

3. 被审计对象根据经济责任通知书，撰写经济责任述职报告，签署审计承诺书，并在____个工作日内送达审计组。

4. 审计组在被审计对象以及所在部门、相关人员的支持与配合下，完成经济责任审计实施工作。

5. 审计组汇总相关审计资料，编制经济责任审计报告（征求意见稿），交由审计部主管审批。

6. 审计组将审批后的经济责任审计报告（征求意见稿），向被审计对象公示，征求其本人以及所在部门的意见。

7. 审计组收集被审计对象及其所在部门的意见，根据实际情况对经济责任审计报告（征求意见稿）进行修改，在修改后交由审计部主管审批。

8. 审计组将确定后的经济责任审计报告送达被审计对象及其所在部门，并进行公示。

七、审计要求

1. 重点突出，保质保量

审计组应根据经济责任审计项目实际情况开展工作，保质保量的完成审计任务，确保此次审计项目重点突出，审计报告出具的审计意见以及审计建议具有可实施性以及可操作性。

2. 提升质量，规范程序

审计组应严格遵循国家相关政策法规，以及公司规章制度。审计工作进行时，要做到事前调查充分、实施方案具有针对性及可行性，审计证据保证准确完整，审计程序规范有序，确保最终审计报告和审计信息反映的问题真实准确。

（续）

> 3．严格纪律、防范风险
>
> 审计组在执行工作时，要严格遵守纪律规定。审计人员在调查取证、走访现场、核对数据、洽谈沟通时，必须有 2 名及以上审计人员参加。审计部主管应对最终审计结果进行复核，确保审计质量，防范审计风险。

3.3.4　编制审计计划书

为确保审计工作能按规范进行，提高审计工作效率，保证审计结论的有效性与权威性，审计人员应在开展工作之前编制审计计划书，以便为审计工作的实施提供参考。下面以 A 公司 B 项目为例，编制一则审计计划书，仅供参考。

A 公司 B 项目审计计划书

一、目的

为促进本公司进一步提高财务管理与经营管理水平，加强内部审计与内部控制力度，再结合本公司年度审计计划与公司经营管理需要，对 B 项目展开审计工作。

二、B 项目审计人员安排

为更好地对 B 项目进行审计评估，特成立审计小组，由孙某担任审计组长，张某、李某、王某担任副组长，赵某、宋某、钱某、周某为组员，其他部门人员协助工作。

三、B 项目审计时间安排

1．××××年××月××日至××××年××月××日为计划初步进行阶段。

2．××××年××月××日至××××年××月××日为计划深入执行阶段。

3．××××年××月××日至××××年××月××日为计划成果总结阶段。

四、B 项目审计内容清单

1．B 项目实施的战略目标、年度目标以及业务活动重点。

2．与 B 项目业务相关的以及对其有重大影响的合同、协议、来往凭证等。

3．B 项目进行期间是否实施了内部控制以及内部控制的有效性。

4．与 B 项目有关的会计、财务、出纳、资产负债等报表。

5．在 B 项目进行期间，管理流程是否合理、有效、健全和规范。

6．实施 B 项目后，公司所获得的经济效益与社会效益，以及两者是否与预期效益相符或相近。

7. 其他与 B 项目有关的事项。

五、审计范围与方法

（一）审计范围

1. 实施 B 项目的主体部门以及相关人员。

2. 与 B 项目有关的财务收支情况、部门调动情况、请客来往情况等。

（二）审计方法

审计人员采用分析性复核、观察、实地调查、比较分析等方法对上述内容进行审计。

六、执行要点

（一）调查了解有关部门内部的相关情况

1. 调查了解有关部门的岗位设置情况。

审计人员对 B 项目有关的岗位责任控制情况进行调查，即各岗位的工作范围是否明确、各岗位的责任划分是否明晰、各岗位之间的制约与配合关系是否协调等。

2. 调查了解有关部门的会计报表编制情况

审计人员对 B 项目实施的会计报表编制控制情况进行调查了解，主要了解有无制定结账日程表和结账程序、了解有关部门是否对会计报表编制工作进行审核与检查等。

3. 调查了解有关部门的内部控制情况

审计人员调查了解在 B 项目实施期间的内部控制情况，如内部控制是否存在、是否健全且有效、内部控制是否实施等。

（二）验证 B 项目实施时的执行情况

1. 实地考察

审计人员进行现场实地考察，对 B 项目的报表编制、人员安排、请客往来等情况进行验证，判断各环节是否有效合理运行，各种控制措施是否得以实施。

2. 抽样检查

审计人员运用抽样检查的方法，对 B 项目的执行情况进行验证，重点检查采购、对账、财产清查、报表编制等工作质量，以及是否按照规定进行。

3. 分析复核

审计人员根据实地调查与抽样检查的结果，对其进行分析复核，确认结果的有效性与可信性，并形成结论。

七、B 项目审计所需资料清单

1. 部门内部控制规章制度、B 项目生产经营计划、经济指标完成情况等。

2．B 项目财务报表、账簿、凭证等资料。

3．B 项目实施时，有关部门人员安排、考核指标、工资预算等文件以及执行情况汇报文件等。

4．有关 B 项目实施执行的会议记录。

5．B 项目实施以及与其有关的合同、协议、决算报告等。

6．与 B 项目有关的财产物资盘点表、债权、债务明细表。

7．其他与 B 项目有关的文件资料等。

3．4　下达审计通知书

3．4．1　通知书基本内容

审计通知书是指审计人员在开展正式审计工作之前，告知被审计单位（部门）或者相关人员接受审计的书面文件。审计通知书的内容主要包括被审计单位、审计依据、审计范围、审计起始时间等，具体内容如图 3-7 所示。

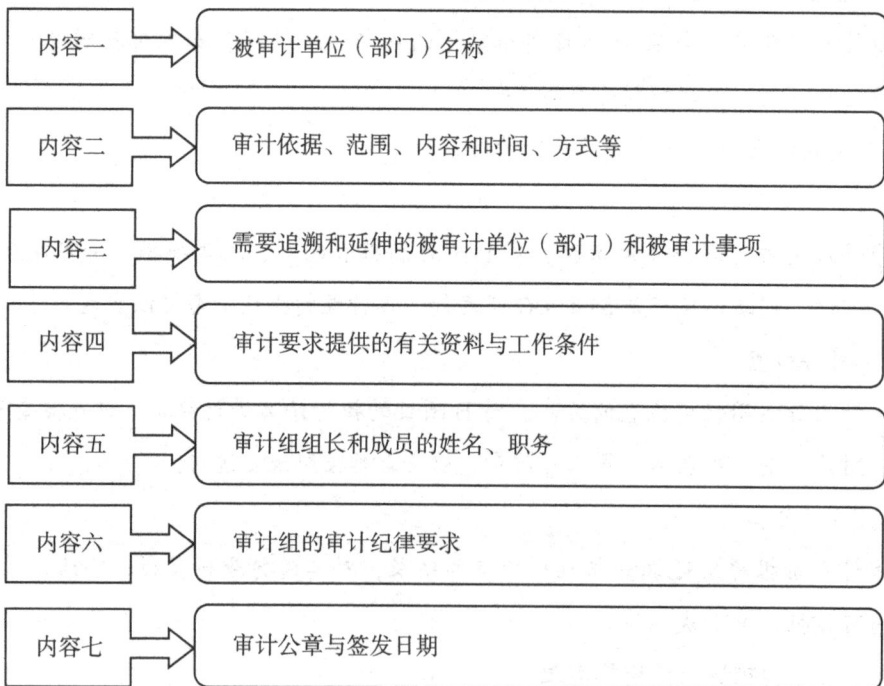

内容	说明
内容一	被审计单位（部门）名称
内容二	审计依据、范围、内容和时间、方式等
内容三	需要追溯和延伸的被审计单位（部门）和被审计事项
内容四	审计要求提供的有关资料与工作条件
内容五	审计组组长和成员的姓名、职务
内容六	审计组的审计纪律要求
内容七	审计公章与签发日期

图 3-7　审计通知书内容

3.4.2　通知书的编制与下发要求

为保证审计通知书的合理性与权威性，确保被审计单位收到审计通知书后，能够按照相关要求配合工作，审计人员在编制与下发审计通知书时，应按照既定要求进行。

（1）审计通知书的编制要求

审计通知书的编制要求如图 3-8 所示。

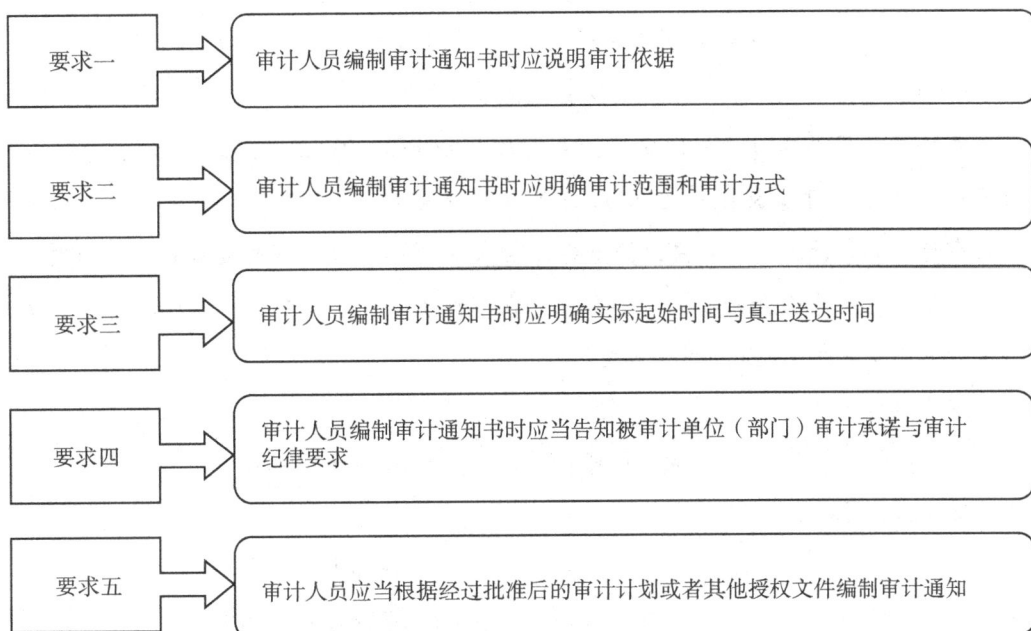

要求一	审计人员编制审计通知书时应说明审计依据
要求二	审计人员编制审计通知书时应明确审计范围和审计方式
要求三	审计人员编制审计通知书时应明确实际起始时间与真正送达时间
要求四	审计人员编制审计通知书时应当告知被审计单位（部门）审计承诺与审计纪律要求
要求五	审计人员应当根据经过批准后的审计计划或者其他授权文件编制审计通知

图 3-8　审计通知书的编制要求

（2）审计通知书的下发要求

审计通知书的下发要求如图 3-9 所示。

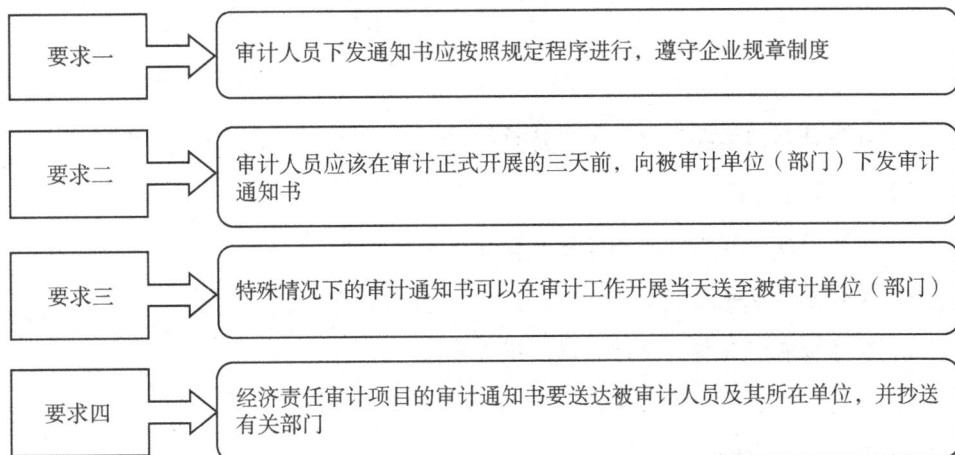

要求一	审计人员下发通知书应按照规定程序进行，遵守企业规章制度
要求二	审计人员应该在审计正式开展的三天前，向被审计单位（部门）下发审计通知书
要求三	特殊情况下的审计通知书可以在审计工作开展当天送至被审计单位（部门）
要求四	经济责任审计项目的审计通知书要送达被审计人员及其所在单位，并抄送有关部门

图 3-9　审计通知书的下发要求

3.4.3 审计通知书模板

审计人员要根据审计通知书的编制要求,撰写审计通知书,避免因审计通知书编制失误导致审计工作出现意外。下面是一则审计通知书模板,仅供参考。

审计通知书

××审通［××××］××号

×××关于审计×××部门××××的通知

×××(被审计部门):

根据本公司年度审计计划安排,决定派出审计组,从××××年××月××日开始,对你部门××××年××月至××××年××月之间的××××情况进行审计。若审计工作有必要,将会延长至××月。自接到通知之日起,请积极配合,并提供有关资料和必要的工作条件。在审计工作开展过程中,审计组将严格执行审计工作有关廉政规定,欢迎监督。

审计组组长:

主审: 联系电话: 电子邮箱:

审计组成员:

内部审计公章:

审计负责人签字:

签发日期:

附:被审计部门需要提供的资料清单

(1)述职报告

(2)管理制度以及内部机构设置、职责分工资料

(3)工作总结及年度计划

(4)财务报表以及相关会计凭证、报告等

(5)相关业务合同、协议等

(6)其他有关资料

第4章
审计工作实施

4.1 开展现场工作

4.1.1 现场进点会举行示范

现场进点会通常是指审计人员在开展现场工作之前，为了与被审计部门以及相关人员进行正式的初次沟通而举办的会议。现场进点会的目的主要是告知被审计部门此次审计开展的目的、要求、内容、有关事项以及时间等信息。

下面以固定资产审计为例，对现场进点会会议议程进行示范，仅供参考。

固定资产审计现场进点会会议议程

会议时间：××××年××月××日

会议地点：被审计单位部门的××会议室

会议出席人员：资产、财务、审计、人事等相关部门负责人

被审计部门负责人以及相关人员

会议主持：审计部主管或审计负责人

议程：

（1）主持人介绍与会人员

（2）审计部主管对本次固定资产审计的目的、依据、内容做出简要解释。

（3）审计部主管宣布固定资产审计通知书，介绍审计工作安排以及需要被审计部门支持的事项等。

（续）

（4）被审计部门负责人向审计部介绍相关人员，对总体工作情况进行介绍或者述职。

（5）审计部主管提出审计工作开展时间，以及需要被审计部门配合的事项等。

（6）管理层可以根据自己的意见及见解，对本次审计工作提出疑问，并对审计部做出的要求做出回应。

（7）审计部与被审计部门就此次审计工作有关事项展开讨论。

（8）将相关承诺书以及声明文件交给被审计部门签署。

（9）主持人宣布进点会结束并开始工作。

4. 1. 2 审计证据收集步骤

审计证据是审计人员做出审计评论及给出审计意见时的依据。为了保证审计意见的正确性和可靠性，审计人员必须按照一定的步骤收集证据。审计证据收集步骤如图4-1所示。

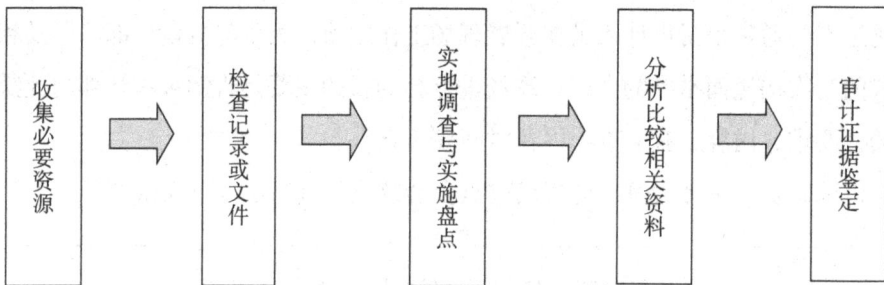

图4-1 审计证据收集步骤

第1步：收集必要资源

审计人员应当根据审计通知书的内容，向被审计单位（部门）收集相关资料，资料一般包括被审计单位有关的规章、制度、文件、合同文本、财务报表、各种原始凭证的存根、银行进账单等。

审计人员在收集必要资源时，一定要做好资源登记、清点记录工作。收集的资源一定要当面清点，若发现缺失情况，需立即向有关人员反映，并要求被审计单位（部门）补齐。

第2步：检查记录或文件

审计人员根据国家法律法规以及公司自己制定的规章制度等，对收集的记录或者文件进行正确性、真实性、合法性、合规性、有效性方面的检查，找出其存在的弱点或者盲点，确定审计证据收集重点。

第 3 步：实地调查与实地盘点

审计人员通过观察、查询、函证、访谈等方式，进行实地调查，获取来自第三方的信息，从而获得必要的审计证据。

除此之外，审计人员还应亲临现场，盘点被审计单位（部门）的财产物资，并核对相关记录，对其真实性、完整性、安全性以及可靠性进行验证，以从中获得足够的证据。

第 4 步：分析比较相关资料

审计人员利用计算机技术，对不同财务数据以及非财务数据进行分析比较，重点关注重要比率、金额以及数据变动趋势等信息，识别出与其他相关信息不一致的数据，以此获得审计证据。

第 5 步：审计证据鉴定

审计人员应对审计证据的相关性、可靠性、合法性以及充分性进行鉴定，确定审计证据可靠有效且能够相互证实，在经过归纳、分析、整理后，选出最合适的、最有说服力的审计证据作为审计工作参考的最终依据。

成本审计实施方案

4．1．3　现场考察实施方案

为规范审计人员现场考察的行为，明确现场考察的要求，提高审计人员现场考察的效率，审计人员应按照现场考察实施方案开展工作。下面是一个现场考察实施方案，仅供参考。

现场考察实施方案

一、目的

为提升审计人员现场考察工作效率，提高现场考察质量，防止人力物力的损失浪费，在结合审计工作实际情况下，特制定本方案。

二、现场考察项目简介

1．考察项目：A 审计项目

---

2. 考察时间：20××年××月××日至20××年××月××日

3. 考察人员：审计人员

三、现场考察内容

1. A 项目是否按照公司既定规章制度开展。

2. A 项目是否按照原有规划进行、有无未完成项目或工程。

3. A 项目现场签证或变更签证是否与实际相符、签证内容是否属实、结算价款计算是否真实、合法合规等。

4. A 项目实施情况是否与规划相符、有无遗漏现象。

5. A 项目变更情况是否向上级申请、是否留存记录、是否有多报、少报情况。

6. 其他需要现场考察确认的内容。

四、现场考察实施程序

1. 熟悉考察项目相关资料

审计人员向被审计单位收取财务报表、凭证、业务协议或者合同以及相关内部控制制度等资料。

2. 划定现场考察范围与重点

审计人员根据收取到的资料，筛选出考察疑点与重点，形成疑点与重点关注事项清单。

3. 制订现场考察实施计划

审计人员根据疑点与重点清单，在审计项目开展的____个工作日内制订现场考察实施计划，计划中应包括现场考察实施所需的时间、地点、人员、以及相关资料等。

4. 准备现场考察资料及工具

审计人员按照现场考察计划，准备好记录清单、现场考察表等资料，以及方便的手提包来携带资料。

5. 对照资料，仔细考察

审计人员进行现场考察，对疑点与重点关注事项清单上的内容重点关注，并根据实际情况及时对其修改与补充。

6. 现场询问有关人员

在现场考察之后，审计人员分别向有关人员进行询问，询问内容包括业务工作内容、实施方式、内控制度是否恰当有效等。

（续）

7. 做好现场考察记录

审计人员详细记录现场考察得到的相关数据和观察到的事实，掌握好现场考察的原始资料，形成现场考察记录表，并交由相关负责人签字确认。

五、现场考察注意事项

1. 签字确认

审计人员的现场考察工作，一定要在得到管理层签字授权的情况下进行，避免责任划分不清，产生意外纠纷情况。

除此之外，审计人员进行现场考察得到的记录，特别是对有关人员进行询问得到的记录，也要有被询问人员的签字，避免后续工作中产生否认情况。

2. 做好证据资料

审计人员可以采取拍照、复印等方式对有关证据进行留存，这样可以使后续整理工作更加高效，也可以为现场考察情况提供依据。

3. 坚持客观立场

审计人员在进行现场考察时，应做到尊重现场事实，反映客观情况，保持职业操守，不受到外部因素干扰，以独立、公平、公正、客观的态度做好现场考察工作。

4. 争议后置

若审计人员在现场考察时，与被审计单位或相关人员产生分歧，或者遇到无法解决的事情，应将其保留，待后续解决。

4.2　实施审计测试

4.2.1　内部控制有效性测试

内部控制有效性测试是指审计人员通过调查了解被审计单位（部门）内部控制的设置和运行情况，并进行相关测试，从而对内部控制的全面性、合理性以及有效性做出评价的活动。内部控制有效性测试的内容及方法如下所述。

（1）内部控制有效性测试的内容

内部控制有效性测试内容包括调查了解被审计单位（部门）的内部控制、审查并评价其恰当程度及其有效性和全面性等，具体如图 4-2 所示。

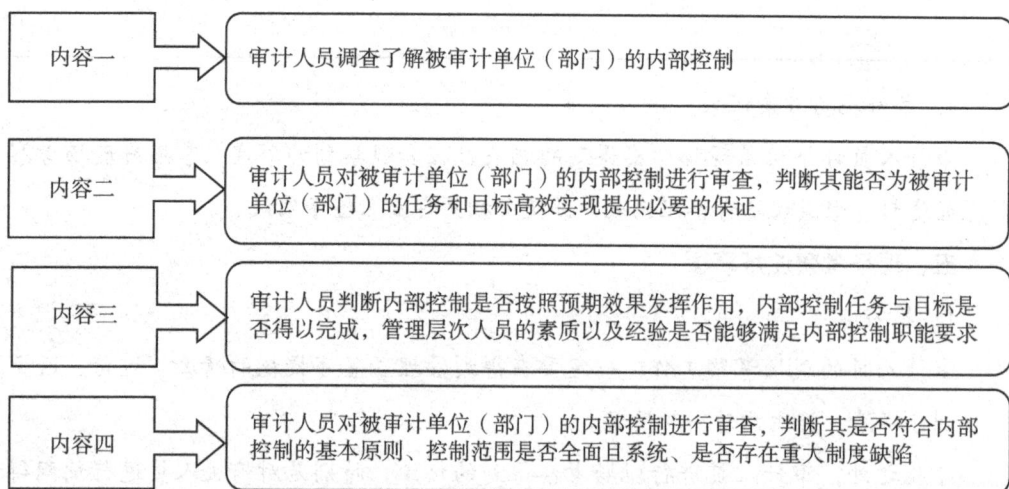

内容一	审计人员调查了解被审计单位（部门）的内部控制
内容二	审计人员对被审计单位（部门）的内部控制进行审查，判断其能否为被审计单位（部门）的任务和目标高效实现提供必要的保证
内容三	审计人员判断内部控制是否按照预期效果发挥作用，内部控制任务与目标是否得以完成，管理层次人员的素质以及经验是否能够满足内部控制职能要求
内容四	审计人员对被审计单位（部门）的内部控制进行审查，判断其是否符合内部控制的基本原则、控制范围是否全面且系统、是否存在重大制度缺陷

图 4-2　内部控制有效性测试内容

（2）内部控制有效性测试的方法

在实际工作中，审计人员通常采取询问、观察、检查、再执行四种方法来对内部控制的有效性进行测试，具体内容如表 4-1 所示。

表 4-1　内部控制有效性测试的方法

方法名称	具体解释	优点	缺点	注意事项
询问	审计人员与被审计单位（部门）相关人员，通过面谈、电话交流、召开讨论会等形式了解相关信息	询问相关人员可以迅速地了解内部控制执行人员对控制的理解程度及执行情况等信息	得到的信息不够充分，无法为审计人员评估提供足够的证据	询问应与其他方法同时使用，使用时应在测试表中进行记录，包括询问人员、询问时间、询问内容、询问结论等
观察	审计人员到内部控制措施执行的现场，通过侧面观察和现场观察等形式了解内部控制的执行情况	见证正在执行的控制措施，相较于询问，可信程度高，对测试接触性控制非常有用	这种方法容易被虚假情况干扰，需要审计人员仔细判断信息	应与其他测试方法同时使用，并产生测试记录，记录内容包括观察事项、观察时间、观察结论等
检查	审计人员随机抽取一定的样本，通过检查样本的记录来检查内部控制措施的执行情况	检查过程可以直接获得实质性证据，这类证据较为详细、可靠，以此作为内部控制执行情况判断的直接依据	审计人员需要慎重选取抽样样本，确认其具有全面性、代表性、可靠性，工作量较大	审计人员既要对文件制度进行检查，确认其是否做出相应的规定，又要对实施证据进行检查，确认是否得以执行
再执行	审计人员通过分析性复核、业绩考核、核对、重新执行等形式来检查内部控制的执行情况	可以深入、直观地了解到内部控制措施的有效性，相较于前三种方法而言，更为直接可靠	这种方法需要选择样本，重新执行相关的控制措施，工作量较大，任务比较烦琐，对审计人员的水平要求较高	审计人员应该充分记录要素以便重复多次执行

4.2.2　符合性测试

符合性测试是指审计人员在了解被审计单位（部门）的内部控制制度后，对其制度实施情况及有效程度进行审计的测试，也可称为遵循性测试，符合性测试的内容与方法如下所述。

（1）符合性测试的内容

审计人员应根据预期审计目标，确定需要收集的证据，以此来对内部控制的完整性、有效性和实施情况进行符合性测试，符合性测试的内容如图 4-3 所示。

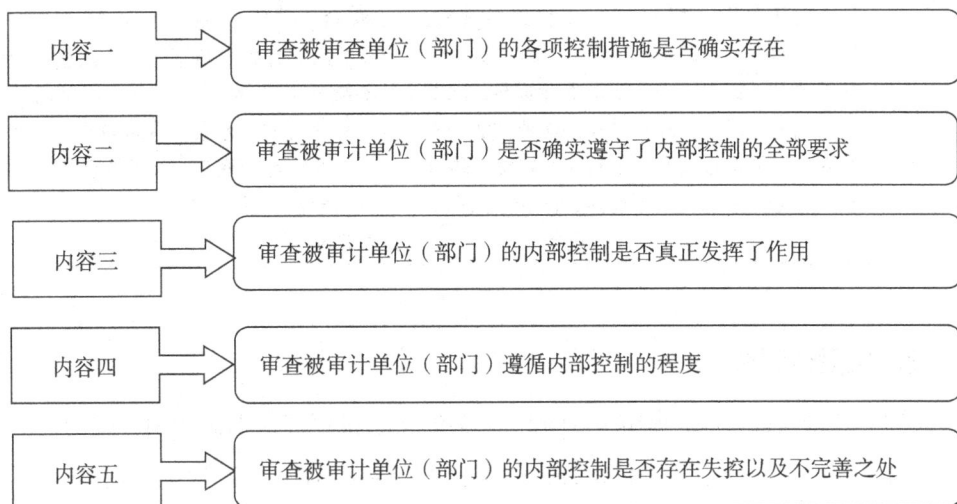

内容一	➡	审查被审查单位（部门）的各项控制措施是否确实存在
内容二	➡	审查被审计单位（部门）是否确实遵守了内部控制的全部要求
内容三	➡	审查被审计单位（部门）的内部控制是否真正发挥了作用
内容四	➡	审查被审计单位（部门）遵循内部控制的程度
内容五	➡	审查被审计单位（部门）的内部控制是否存在失控以及不完善之处

图 4-3　符合性测试内容

（2）符合性测试的方法

审计人员为了高效、准确地进行符合性测试，通常会采用追踪法、实验法以及观察法，具体内容如表 4-2 所示。

表 4-2　符合性测试方法

方法名称	具体解释	优点	缺点	注意事项
追踪法	也可称为检查证据法，审计人员通过检查与该业务有关的凭证、账单以及报表等资料，来判断被审计单位（部门）是否按照有关要求认真贯彻执行	这种方法可以克服审计调查的静态性，验证以往工作的准确性，可以将一些持续性时间较长的审计调查简单化，简化工作任务与工作流程	需要对大量的数据进行分析，任务量较大，只能根据数据分析结果做出审计结论，审计证据的准确性难以保证	审计人员进行追踪检查的审计证据必须全面、可靠、可信，以保证最终审计意见的客观性

（续表）

方法名称	具体解释	优点	缺点	注意事项
实验法	也可称之为重做法，审计人员按照有关要求，对被审计单位（部门）的相关业务重新做一遍，以此判断其是否遵循了内部控制的有关规定	这种方法的审计范围比较广，涉及被审计单位（部门）的大部分业务，能够有效确认内部控制是否发挥作用，最终得出的审计结论也比较可靠	审计工作量较大，费时费力，需要花费的人力物力较大	审计人员应按照被审计单位（部门）的内部控制要求重新执行，避免因外界因素对最终结果产生影响
观察法	审计人员在没有通知被审计单位（部门）的情况下，到工作现场实地进行考察，观察有关人员是否按照有关规定进行工作	在直接状态下及时对现场工作进行观察，生动、具体、直观地获得审计资料，除此之外，这种方法具有及时性，能够获得捕捉到工作现场正在发生的现象	这种方法容易受时间限制，被审计单位（部门）过去发生的事情可能不会再发生。除此之外，还会受观察对象与观察者本身的限制，观察结论偏差较大	这种方法适用于被审计单位（部门）不知情的状况，否则观察结果较容易受影响

4.2.3 实质性测试

实质性测试是指在符合性测试的基础上，为取得直接审计证据而运用一定的方法，对被审计单位（部门）会计报表进行审查的过程，实质性测试的内容与方法如下所述。

（1）实质性测试的内容

实质性测试主要是为了取得足够的审计证据，由此得出一定的审计结论，通常情况下，实质性测试会以抽样的方式进行，抽样的规模依据内部控制有效性测试与符合性测试的结果来确定。实质性测试的内容通常包括以下五方面，如图4-4所示。

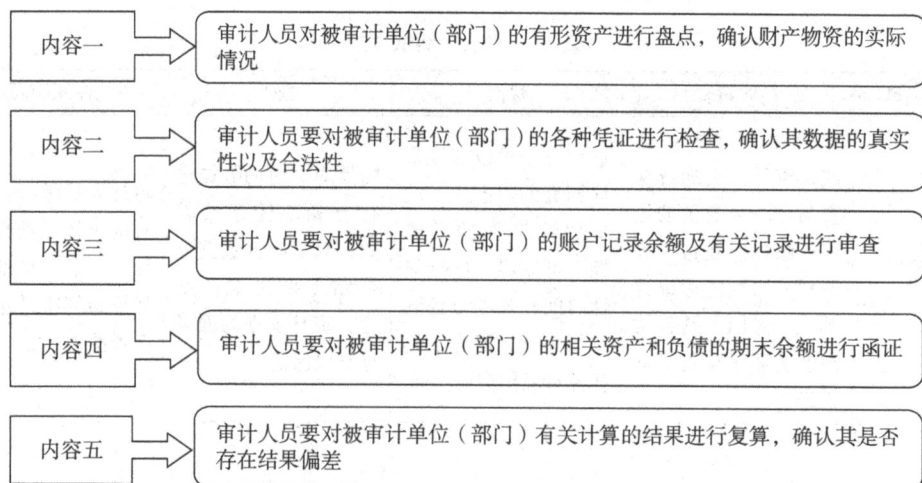

内容一 → 审计人员对被审计单位（部门）的有形资产进行盘点，确认财产物资的实际情况

内容二 → 审计人员要对被审计单位（部门）的各种凭证进行检查，确认其数据的真实性以及合法性

内容三 → 审计人员要对被审计单位（部门）的账户记录余额及有关记录进行审查

内容四 → 审计人员要对被审计单位（部门）的相关资产和负债的期末余额进行函证

内容五 → 审计人员要对被审计单位（部门）有关计算的结果进行复算，确认其是否存在结果偏差

图4-4　实质性测试的内容

（2）实质性测试的方法

审计人员为获得直接有效的审计证据，通常会采用检查、观察、监盘、函证以及计算等方法进行实质性测试，具体内容如表 4-3 所示。

表 4-3　实质性测试的方法

方法名称	具体解释	优点	缺点	注意事项
检查	是指审计人员对被审计单位（部门）的书面资料进行检查与核对的一种方法	可以直观有效地看到被审计单位的书面资料，审计人员的工作效率较高	书面资料的来源性与可靠性难以保证	审计人员收集书面资料时，不仅要注意其全面性，还要注意其可靠性，一般来说，来自被审计单位（部门）以外的书面资料较为可信
观察	是指审计人员身临现场进行实地检查，以此获得实物证据与环境证据的一种方法	可以直观有效地获取到相关审计证据，从而使得审计结论更加客观	若被审计单位（部门）提前知道审计人员的到来，可能会影响到最终审计结论	审计人员要注意现场观察的时间、方式、手段等，并做好相应记录
监盘	是指审计人员通过监督、盘点被审计单位（部门）的实物资产，来获得审计证据的一种方法	审计人员可运用这种方法，确定被审计单位（部门）实物资产是否真实存在，并与账面数量相符，是否存在短缺、损毁等问题	这种方法只能对实物资产是否确实存在提供有力的审计证据，但不能为被审计单位（部门）对的资产价值性与完整性提供证据	审计人员在进行实物盘点时，应当注意资产的价值与实物资产的所有权，避免审计证据不够充分
函证	是指审计人员通过直接来自第三方对有关信息和现存状况的声明，来获取和评价审计证据的过程	来自第三方的审计资料更加具有有效性与可信性，除此之外，审计人员获取这些资料的成本更低	被函证的第三方是否认真对待、提供的资料是否客观、是否不受其他因素的影响、是否熟悉被函证的内容都会影响到最终审计证据的客观性	审计人员在进行函证时，要注意对函证实施过程进行控制，并形成记录
计算	是指审计人员以人工方式或者是计算机技术，对被审计单位（部门）所记录的数据进行重新计算，以确定其准确性的一种方法	审计人员运用这种方法得出的审计证据与审计意见较为可靠，为测试最终结果提供有效依据	计算过程较为烦琐，任务量较大，需要消耗大量的人力物力	审计人员重新计算时，要注意账本页数的转接关系、报表数据的对应关系等，避免被审计单位（部门）伪造数据

4.3 审计发现与建议

4.3.1 形成审计发现

审计发现是指审计人员在对被审计单位（部门）的经营活动与内部控制的调查与测试过程中，所得到的肯定性或否定性的事实。审计发现通常可以用来描述以前或当前审计中存在的问题，也可用来描述审计发现的的潜在风险。

（1）审计发现的形式

审计人员在进行审计工作时，应当全面了解审计发现的形式，避免审计发现不全而对最终结果造成影响。常见的审计发现的形式如图4-5所示。

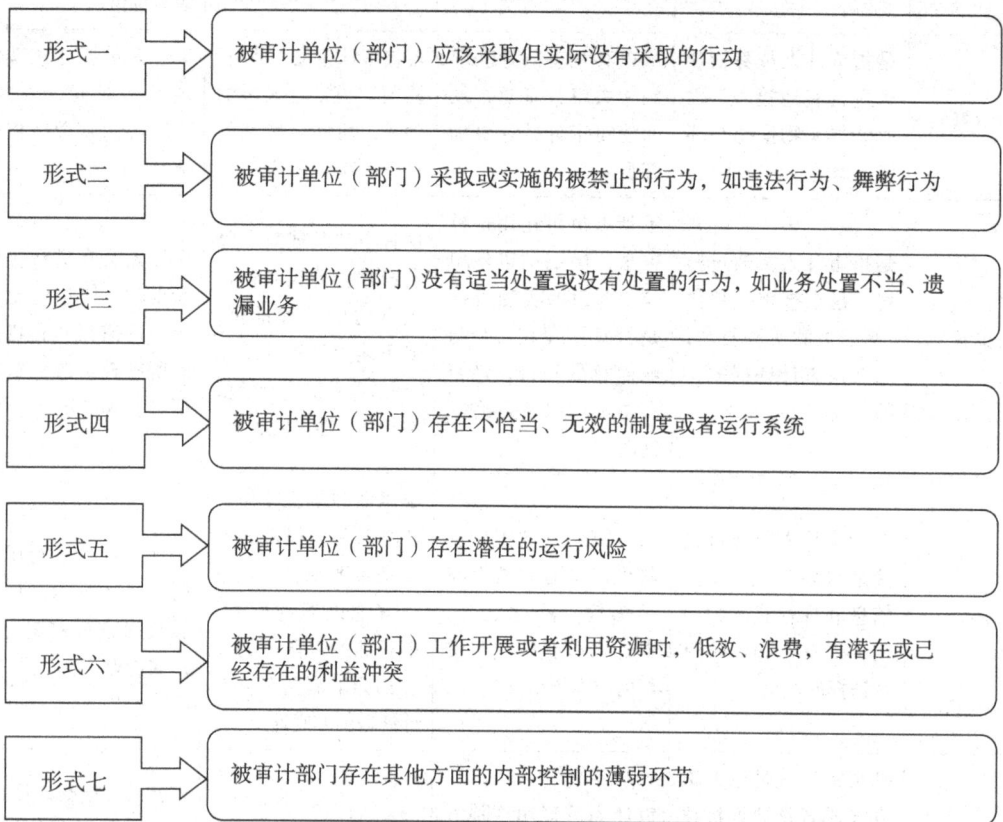

形式一	→	被审计单位（部门）应该采取但实际没有采取的行动
形式二	→	被审计单位（部门）采取或实施的被禁止的行为，如违法行为、舞弊行为
形式三	→	被审计单位（部门）没有适当处置或没有处置的行为，如业务处置不当、遗漏业务
形式四	→	被审计单位（部门）存在不恰当、无效的制度或者运行系统
形式五	→	被审计单位（部门）存在潜在的运行风险
形式六	→	被审计单位（部门）工作开展或者利用资源时，低效、浪费，有潜在或已经存在的利益冲突
形式七	→	被审计部门存在其他方面的内部控制的薄弱环节

图 4-5　审计发现的形式

（2）审计发现的内容

审计发现的内容通常包括审计发现问题的事实、审计发现问题的定性、审计发现问题的原因以及审计发现问题的影响，具体内容如表4-4所示。

表 4-4　审计发现的内容

内容名称	具体解释
审计发现问题的事实	主要是指业务活动、内部控制和风险管理在适当性和有效性等方面存在的违规、缺陷或损害的主要问题和具体情节
审计发现问题的定性	主要是指审计发现问题的定性依据、定性理论、定性标准、定性结论等，若在审计报告需要时，还需要包括责任认定与划分等
审计发现问题的原因	主要是指审计人员针对审计发现的事实真相，对其发生的内部原因与外部原因进行分析
审计发现问题的影响	主要是指审计人员对审计发现问题的影响从定性和定量两个角度做出判断分析或者是审计发现问题对被审计单位（部门）已经造成的影响

（3）形成审计发现的步骤

为确保审计发现具有合理性与可信性，尽量避免受到人为主观因素的干扰，审计人员应当按照既定步骤来形成审计发现，形成审计发现的步骤如图 4-6 所示。

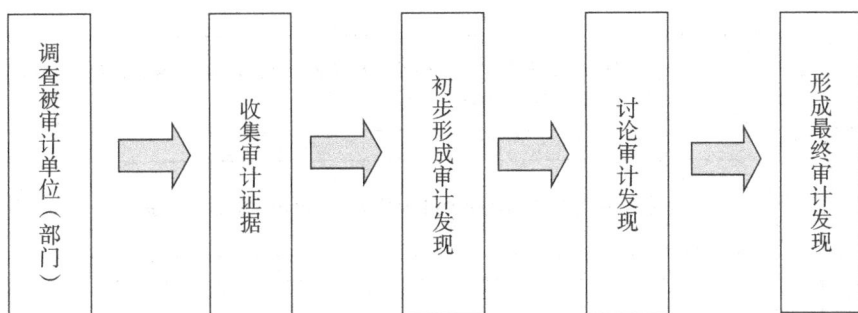

图 4-6　形成审计发现的步骤

第 1 步：调查被审计单位（部门）

审计人员采取观察、检查、函证等方式对被审计单位（部门）的财务、会计及相关业务和管理资料展开调查，初步了解被审计单位的运营情况，并形成初步记录。被审计单位应向审计人员提供详细资料，不得弄虚作假，不得以任何理由拒绝出示资料。

第 2 步：收集审计证据

审计人员根据审计证据收集步骤进行证据收集，收集审计证据的过程中应有 2 名及以上审计人员在场，并形成审计证据收集记录，以保证审计证据的可靠性与可信性。

第 3 步：初步形成审计发现

审计人员根据审计证据，初步形成审计发现，并根据审计发现问题的严重程度或者潜在的损失与风险，将审计发现分为无关紧要的、次要的和重要的三种类型。审计人员应结合自身实际情况，按照企业规章制度与职业要求，做出判断，避免因判断不准确给企业带来损失。

第 4 步：讨论审计发现

审计人员在提出审计发现后，应与相关人员进行讨论，通过讨论，审计人员可以检查自己对审计发现的理解与判断是否正确，从而获得有价值的意见。

第 5 步：形成最终审计发现

经过讨论后，审计人员将经过确认后的审计发现形成最终记录，记录中应包括事实、依据、原因、影响四个要素。这种记录也可以用来检查并确定审计人员在形成一项正确审计发现的过程中经历的步骤是否完整。

4.3.2 提出审计建议

为了督促被审计单位（部门）整改已经存在的问题，改善经营状况，审计人员应根据审计发现，提出审计建议，并形成最终记录。审计人员在提出审计建议时，应按照一定要求进行，具体要求如图 4-7 所示。

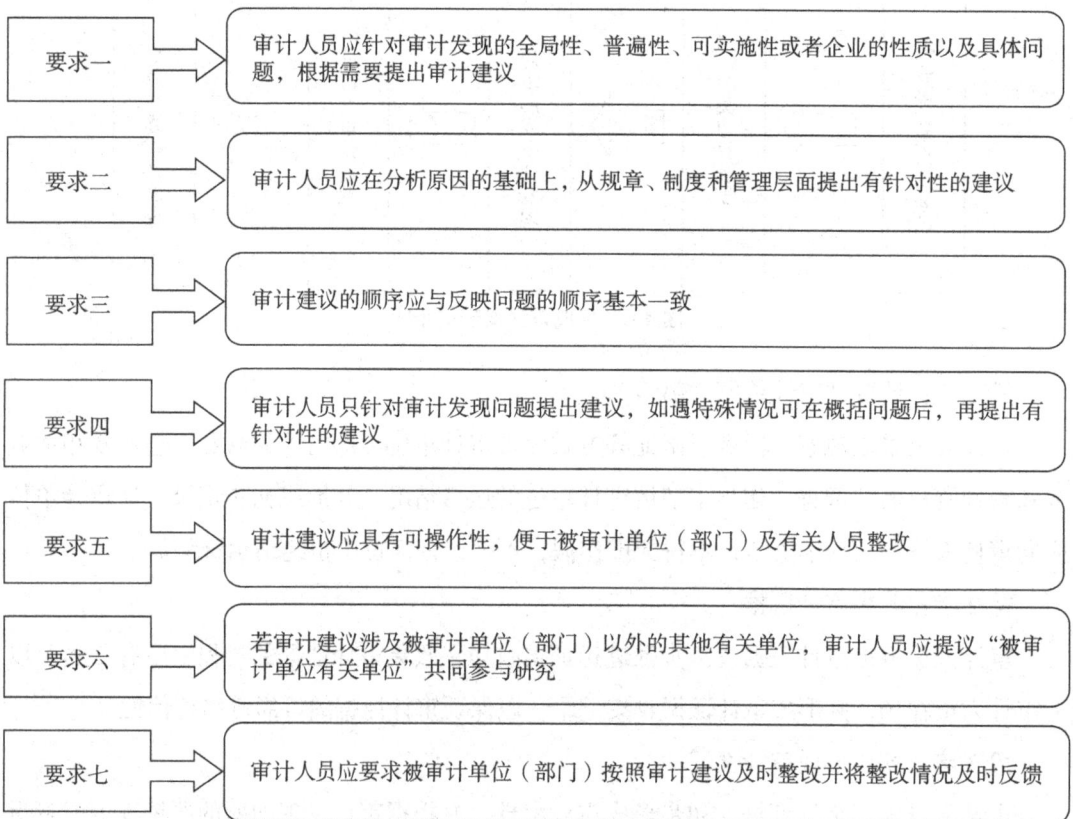

要求	内容
要求一	审计人员应针对审计发现的全局性、普遍性、可实施性或者企业的性质以及具体问题，根据需要提出审计建议
要求二	审计人员应在分析原因的基础上，从规章、制度和管理层面提出有针对性的建议
要求三	审计建议的顺序应与反映问题的顺序基本一致
要求四	审计人员只针对审计发现问题提出建议，如遇特殊情况可在概括问题后，再提出有针对性的建议
要求五	审计建议应具有可操作性，便于被审计单位（部门）及有关人员整改
要求六	若审计建议涉及被审计单位（部门）以外的其他有关单位，审计人员应提议"被审计单位有关单位"共同参与研究
要求七	审计人员应要求被审计单位（部门）按照审计建议及时整改并将整改情况及时反馈

图 4-7　提出审计建议的要求

4.4 整理审计工作底稿

4.4.1 审计底稿编制要求

为了保证审计底稿的编制质量，规范审计底稿的编制行为，内部审计人员应当按照一定的编制要求，对审计底稿进行编制，具体要求如表 4-5 所示。

表 4-5 审计底稿编制要求

序号	具体要求
1	应当按照审计准则与相关法律法规进行编制
2	实施审计程序的结果和获取的审计证据应当确认无误
3	在审计过程中遇到的重大事项与结论，以及在得出结论时做出的重大职业判断应当确认无误
4	各类审计底稿编制资料应当真实可靠，内容完整
5	审计底稿编制时应当重点突出，力求反映对审计结论有重大影响的内容
6	审计底稿在编制时应当简繁得当，详细记录审计过程中的重点内容，对于一般内容简单记录
7	构成审计底稿的基本内容与要素应当全部包括在内，包括被审计单位的名称、审计事项、审计程序的执行过程以及结果、审计结论、意见以及建议等
8	编制审计底稿时应当遵循审计工作底稿的执业规范指南给出的参考格式
9	审计底稿编制时，审计符号应当前后一致，并且审计符号的含义应该反映在审计工作底稿上
10	审计实施方案中确定的每一项审计事项，均应当编制审计工作底稿，既包括审计发现问题的事项，也应当包括审计未发现问题的事项
11	审计底稿编制时应当做到记录清晰、内容连贯、文字规范、计算准确
12	审计底稿应当注明索引编号与顺序编号，相关审计底稿之间若存在引用或者是钩稽关系，应当注明

4.4.2 审计底稿复核步骤

为规范审计底稿复核行为，明确审计底稿复核过程，保证审计底稿复核质量，规避审计底稿复核可能出现的风险，复核人员应按照以下步骤对审计底稿进行复核，如图 4-8 所示。

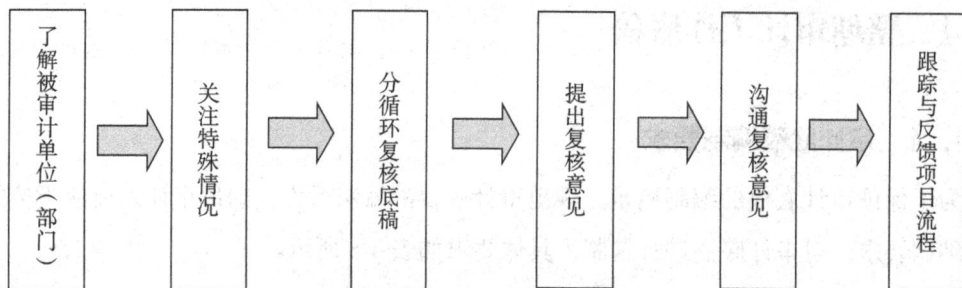

图 4-8 审计底稿复核步骤

第 1 步：了解被审计单位（部门）

复核人员应对被审计单位（部门）进行了解，包括其业务完成情况、业务实施程序、单位（部门）规章制度以及相关财务资料等。

第 2 步：关注特殊情况

复核人员应当对被审计单位（部门）的资产负债表以及利润表等基础资料进行审查，对账务中的科目余额表、往来余额表等重点项目和异常项目进行特别关注。

第 3 步：分循环复核底稿

复核人员对底稿进行分循环复核，检查底稿是否存在常规性问题，审计底稿循环一般分为销售与收款循环、采购与付款循环、固定资产采购循环等。对底稿分循环复核更有针对性，更容易找出问题。

第 4 步：提出复核意见

复核人员可在复核结束之后，提出问题，问题包括程序性问题与实质性问题，指出存在的疑问以及困惑，并根据提出的问题给出意见及建议。

第 5 步：沟通复核意见

复核人员在提出复核意见后，应根据沟通内容的重要性，选择适当的沟通方式与审计项目负责人员进行沟通，并将需要补充或者重新提交的材料一并交给对方。

第 6 步：跟踪与反馈项目流程

复核人员应持续关注项目进展，实时获取关于审计项目问题的反馈，若审计项目确实存在问题或者解决问题过程中存在困难，复核人员应及时给予帮助，提供解决思路。除此之外，复核人员还应对修正后的底稿再次核实，若修改不到位或者相应资料仍不齐全，则需要进行二次复核。

4. 4. 3 审计底稿范例

审计底稿是形成审计结论、发表审计意见的直接依据，对审计业务有着参考备查的作用。下面是一则审计底稿范例，如表 4-6 所示，仅供参考。

表 4-6　审计底稿范例

编号:	共 页 第 页	
被审计单位名称:	单位（部门）	
审计项目名称:	审计事项:	
审计事项期间：××××年××月××日至××××年××月××日		
审计事实描述		
	审计人员:	编制日期
复核意见	同意（不同意注明不同意的理由，以及审计底稿中存在的情况以及建议，需要补充的内容等）	
	复核人员:	复核时间:
被审计单位意见	情况属实（不属实，现需补充××资料）	
	签字:	盖章:

第 5 章
审计报告

5．1 中期审计报告

5．1．1 中期成果汇报步骤

中期成果汇报是指内部审计人员在现场审计过程中就某些领域的审计发现进行交流分析并汇报，使发现的问题能够得到及时解决的一种工作方法。为了让管理层了解审计工作的进度和状况，内部审计人员需要按照一定步骤汇报中期成果，汇报步骤如图 5-1 所示。

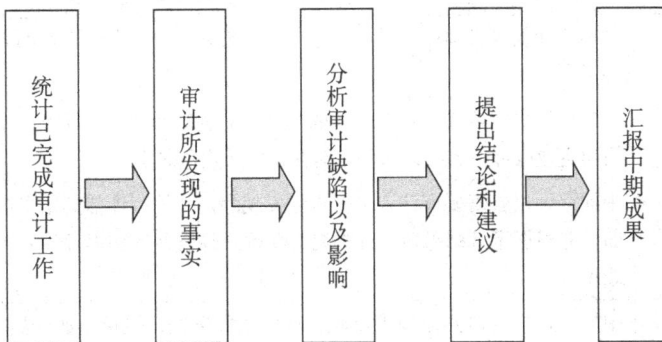

统计已完成审计工作 → 审计所发现的事实 → 分析审计缺陷以及影响 → 提出结论和建议 → 汇报中期成果

图 5-1　中期成果汇报步骤

第 1 步：统计已完成审计工作

在完成某一领域的审计工作之后，审计人员要认真梳理审计全过程，包括实施方案的制定和执行情况、审计各阶段的关键点、重大问题的切入点。

第 2 步：审计所发现的事实

审计人员在对审计工作统计完成后，有针对性地从审计计划、审计内容和审计过程等多方面全方位地进行审计，发现审计工作的缺陷以及问题，如审计执行力度不够、审计人员素质不高、审计计划实施偏差等，如果任这些缺陷存在和蔓延，将会给组织带来更大的影响和损失。

第 3 步：分析审计缺陷以及影响

审计人员要结合审计工作中发现的缺陷，深入剖析审计工作出现问题的原因，判断其是否会导致前后审计工作脱节，使得审计工作不全面，甚至内部审计失效。

第 4 步：提出结论和建议

审计人员应该客观评价审计工作的缺陷和不良状况，思考去完善并提高之前审计工作的措施。如进一步准确把握审计重点、有效地利用审计资源、合理地分配审计任务、及时进行沟通协调、充分调动审计人员的积极性等。

第 5 步：汇报中期成果

审计人员应及时向审计主管和管理层汇报，沟通审计工作进展，以确定是否需要更改审计计划、扩展审计程序、扩大审计范围等。

5.1.2 中期报告编制要点

中期审计报告常用于提供内部审计业务进展的最新状态，要想编制出合规、准确可信的中期审计报告，需要注意一些要点，其编制要点如表 5-1 所示。

表 5-1　中期审计报告编制要点

要点	具体内容
遵守审计准则	中期审计报告必须在审计人员遵守审计准则，确保审计工作的合规性和准确性的条件下产生
体现内部控制评估	中期审计的重要任务是对企业的内部控制进行评估，中期审计报告需要体现审计人员对企业内部控制的评估和可能存在的风险和缺陷
表达审计意见	中期审计报告需要审计人员对审计发现和内部控制评估的结果进行合理的分析和判断，并根据审计结果对企业的财务状况、经营状况和内部控制状况给出相应的审计意见
适当性和完整性	中期审计报告需要适当地反映企业的实际情况，包括企业的经营状况、财务状况、内部控制状况等，同时保证报告的完整性和准确性
适用情况	中期报告可以用于报告需要立即引起注意或处理的信息，例如报告被审计活动中审计范围的变化，或当审计延续时间较长时，将审计的进展通报管理层
与最终报告信息相关	在中期报告中已经提及的信息如果在最终报告中也需要提及，最终审计报告也应呈现出来这些信息
呈现形式	中期审计报告的汇报呈现形式可以是书面的，也可以是口头的；可以是正式的，也可以是非正式的

5.2　初步审计报告

5.2.1　初步审计报告要素

　　审计人员在出具正式审计报告前，应编制初步审计报告，初步审计报告是一个初步的结果，主要是为了征求审计意见，指导后续审计工作。正式审计报告则是一个全面的审计结果，会对审计对象提出具有法律效力的结论和建议，是审计过程的最终产物。初步审计报告的基本要素如表 5-2 所示。

表 5-2　初步审计报告的基本要素

基本要素		说明
标题		反映审计项目的性质，包括被审计部门的名称、审计事项（类别）、审计期间和审计报告等字样
收件人		对审计项目有管理和监督责任的机构或人员
正文	审计概况	对审计项目的总体情况进行介绍和说明，主要包括审计目标、审计范围、审计内容及重点、审计方法、审计程序、审计时间
	审计依据	审计工作所依据的相关法律法规和审计准则
	审计发现	对被审计部门的业务活动、内部控制、风险管理进行审计时初步发现的主要问题及事实
	审计结论	根据已查明的事实，对被审计部门的业务活动、内部控制、风险管理所做的评价，初步审计报告可能不包括最终审计结论
	审计建议	针对初步审计发现的主要问题提出的改善业务活动、内部控制和风险管理的建议
附件		对初步审计报告正文进行补充说明的文字和数字资料
签章		审计部门盖章，审计部门负责人、审计项目负责人以及其他经授权的人员签章
报告日期		审计部门编制审计报告的日期
其他事项		其他相关事项的解释与说明

5.2.2　征求审计意见流程

　　征求内部审计意见主要是加强审计部与被审计单位之间的沟通，从而明确事实。在沟通的基础上，被审计单位和审计部可进一步确认核实审计情况。征求审计意见需要相关部门协同配合，按照一定流程进行，征求审计意见流程如图 5-2 所示。

（1）征求审计意见流程图

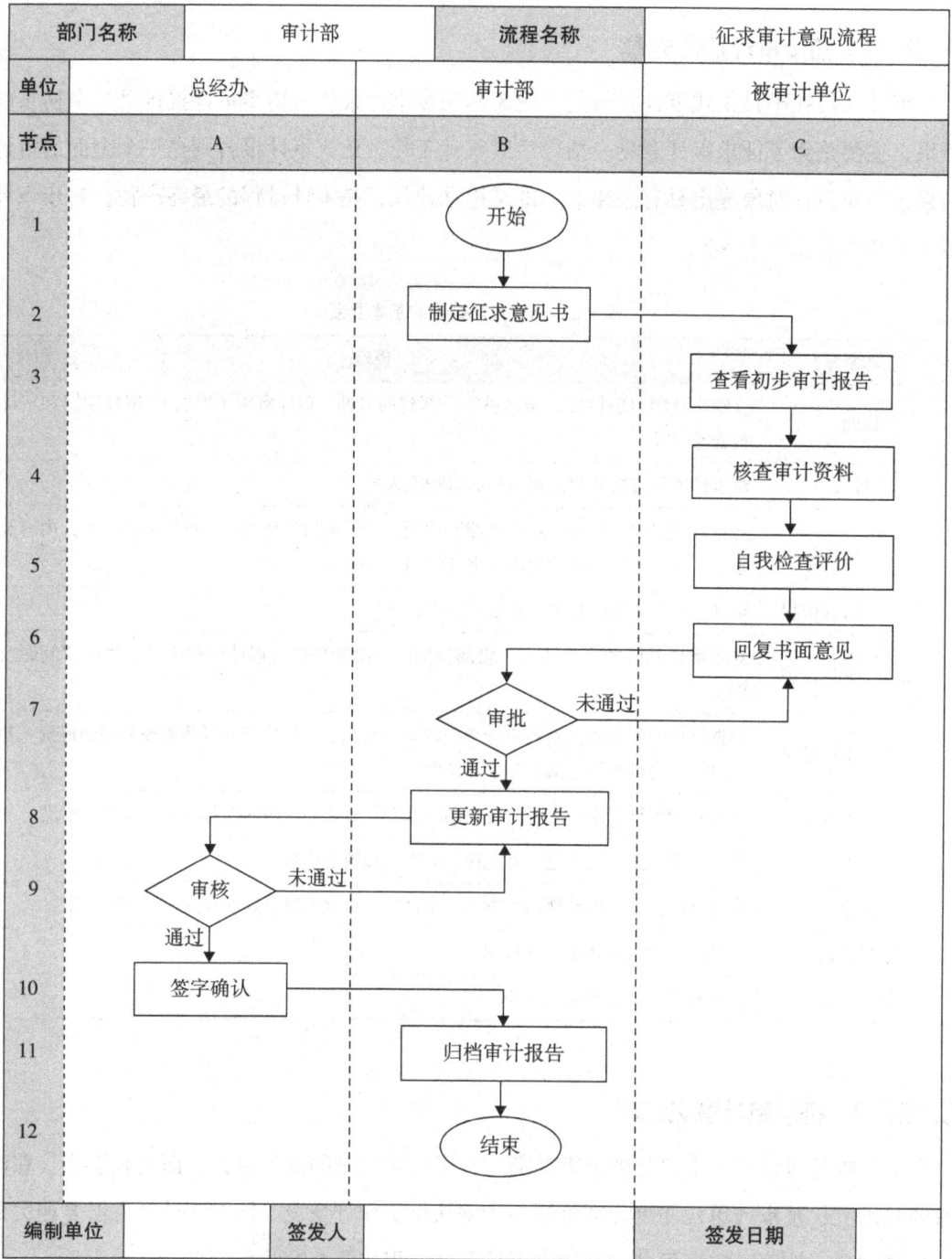

图 5-2　征求审计意见流程

（2）执行关键点

征求审计意见关键点如表 5-3 所示。

表 5-3　征求审计意见关键点

关键点	细化执行
B2	审计部应当严格按照公司规定的程序执行审计报告征求被审计单位意见环节，并及时在规定时间内将修改后的初步审计报告、审计组对被审计单位意见的说明和征求审计意见书一并送达被审计单位
C5	被审计单位可以通过与内部审计人员的非正式讨论、内部审查或通过寻求审计专家的建议来进行自我纠察
C6	审计单位提出的反馈意见必须有相应充分的证据支持，不能伪造或者虚报数据资料，否则会有审计风险
B7	审计组应当认真核实并逐项作出书面说明，尤其是对于有异议的反馈意见要仔细审核，认真研究，并根据事实对审计报告作出修改

5.3　正式审计报告

5.3.1　审计报告编制要求

审计报告的编制要做到要素完备、意见客观准确，同时要富有建设性、完整性和及时性，并充分体现重要性原则。审计报告的编制应当符合下列要求。

① 参考资料方面：审计部门应根据审计工作底稿以及相关资料，在综合分析、归类、整理、核对的基础上，编制审计报告。

② 表述方面：报告的表述应该清晰、准确、客观，符合审计准则和标准。

③ 语言方面：报告的语言应该简洁明了、易于理解，不得使用含糊、不明确、带有个人观点和主观偏见的表述。

④ 内容方面：报告的内容应该要素齐全、实事求是、证据充分。

⑤ 意见方面：如果审计工作中没有发现重大问题，则应该发表肯定意见；如果审计工作中发现了重大问题，审计报告将问题应该反映出来，并发表否定意见。

⑥ 保密方面：报告要保护公司的商业机密和个人隐私，不得随意泄露。但是，如果审计结果涉及违法、违规等行为问题，审计部门应该按照法律规定和公司要求进行公开。

审计报告编制规定

5.3.2 审计报告范例

为了掌握公司资产、负债和盈亏的真实情况，发现公司财务存在的问题，保护公司财产的安全，保证企业的生产经营，审计部门对公司的财务状况进行内部审计，审计完成之后，应出具相应的审计报告。以下是一则财务审计报告，以供参考。

财务审计报告

一、公司基本情况

审计部于××××年××月××日至××××年××月××日对公司的财务状况进行审计工作，并且根据财务部门提供的相关资料进行就地审计。

二、审计情况

1. 财务收支情况审计

××××年公司的财务收入为____万元，支出为____万元。其中销售收入为____万元，投资收入为____万元。原材料采购费用____万元，人工成本费用支出____万元，租赁费用____万元，水电费____万元，行政办公费用____万元。

2. 公司资产负债情况审计

××××年公司资产总额为____万元。其中货币资金____万元，应收账款____万元，其他应收款____万元，长期投资____万元，固定资产____万元，净值____万元。公司负债总额为____万元。其中应付账款为____万元，应付福利费为____万元，未交税金为____万元。其他应付款为____万元。

3. 公司所有者权益审计

××××年公司实收资本____万元，资本公积____万元，盈余公积____万元，未分配利润____万元。

三、存在的问题

1. 预算超支

审计中发现采购部门将超过预算的支出隐匿在往来款项中，财务部门在审核过程中不严格，由此形成了新的债务，给公司带来巨大损失。

2. 票据审核不规范

在审计工作过程中，发现部分票据的审核工作不够规范和严谨，没有按照公司的规定进行审核，出现未盖发票专用章、发票内容不清晰、收据代替发票、付款部门名称不齐全等现象，给审计工作带来严重阻碍。

（续）

3．固定资产账实不符

财务部门没有按照资产的增减变化进行会计核算，造成固定资产账目不全、登记不清的问题，影响了资产的完整性和真实性。

四、整改意见

对于审计不合格的，要按照相关的要求进行整改处理，主要整改意见如下。

1．财务部门重新核算超出预算的部分，按照金额大小对采购部门进行责任追究和债务处理。

2．财务人员对不符合规范的票据进行重新审核，对于票据不清晰的，需要相关人员重新提供清晰的票据。

3．设置固定资产账目，做到账实相符，随时对固定资产进行核算，项目结束之后要进行决算审计。

五、审计建议

1．完善预算管理

完善预算管理体系，加强费用支出控制，强化预算审批流程，控制费用支出情况，减少不必要的支出，保证公司的收入稳定。

2．加强对财务人员的培训

加强财务方面的人才队伍建设，注重对人员的培训和交流，做好财务人员的考核和监督工作，增强财务人员的专业能力和职业素养，增强队伍的凝聚力和战斗力。

六、结论

根据审计结果，公司存在着较多的财务风险，威胁着企业的发展，需要相关部门立刻进行相应的整改，保证企业的健康发展。

5.3.3　审计报告审核步骤

审计报告在审计部内部经过多次复核、定稿后会提交给审计部门的上级领导审核。为了规范审计报告审核审定程序，明确审核审定责任，提高审计质量，防范审计风险，审计报告的审核需要严格按照步骤执行，其步骤如图 5-3 所示。

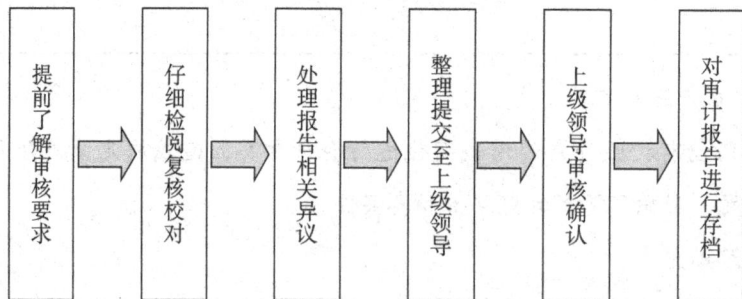

图 5-3　审核报告审核步骤

第 1 步：提前了解审核要求

审计部负责人在审核审计报告前要明确审核的目标是什么，是为了验证企业某个特定的标准、要求，还是为了发现公司可能存在的问题、风险和机会，抑或是为了提高员工的工作效率和质量等。

了解审核要求是进行审核工作的前提条件，只有明确了要求，才能够更加有效地进行审核工作，并提高审核工作的质量和效率。

第 2 步：仔细检阅复核校对

审计部负责人在对审计报告进行审核时，如果报告中涉及数据和图表，需要对数据和图表的来源、准确性、合理性等进行检查。审计报告需要与原始资料核对，包括审计资料与审计底稿等，确保报告中的内容和原始资料一致。

审计部负责人需要多次反复校对报告，确保没有遗漏和错误，同时也要注意报告的呈现内容，保证报告的质量和效果。复核校对是一项非常细致和耗时的工作，需要高度的专注和耐心。

第 3 步：处理报告相关异议

被审计单位对审计报告提出异议，负责人在处理审计报告异议之前，需要详细了解异议的内容和原因，在了解异议的内容和原因后，需要调查和收集证据以评估提出的异议是否具有合理性。

在收集足够的证据后，负责人需要对其进行评估和分析，以确定审计报告是否需要修改。如确定需要修改审计报告，审计部需要更新审计报告，将修改的意见和理由记录在报告中，并在报告上签字和日期。

第 4 步：整理提交至上级领导

审计部负责人要将处理审计报告异议的过程中涉及的所有支持材料（如财务文件、沟通记录等）附加到报告中，以确保报告的可靠性，方便上级领导了解细节。同时，在提交报告后需要及时跟进并解答上级领导提出的问题，以确保处理审计报告异议的结果能够得到认可并被采纳。

第 5 步：上级领导审核确认

上级领导审核确认最终审计报告以及相关资料，与审计部和被审计单位及时沟通，以便采取下一步行动。

第 6 步：对审计报告进行存档

审计人员在存档审计报告时，需要确保文件的安全性和保密性，并且按照规定和标准进行存档和归档，为将来的审计工作提供必要的参考和依据。

5. 3. 4　审计报告报送关键点

审计报告报送是指将完成的审计报告和相关文件提交给利益相关方，如企业管理层、董事会、股东、监管机构等。其中一些关键点需要特别注意，这样才能保证报告的准确性和完整性并且能够满足相关方面的需求和期望。审计报告报送的关键点如表 5-4 所示。

表 5-4　审计报告报送的关键点

关键点	具体说明
检查审计报告的准确性	在提交审计报告之前，应该对报告进行仔细检查，确保所有的信息和数据都是准确的，并且符合审计准则和法规要求。发现任何错误或不符合要求的地方，应该及时更正
确保报告的完整性	审计报告应该包括所需的信息和数据，以便读者可以了解审计结果。因此，需要确保审计报告的内容完整，并且没有任何重要信息遗漏
确定适当的交付方式	审计报告可以通过邮寄、电子邮件或直接提交等方式进行交付。在选择交付方式时，应考虑报告的保密性和重要性，以确保报告不会落入错误的人手中
确定适当的时间	审计报告应该在规定的期限内提交。在确定提交时间时，应该考虑审计报告的长度和复杂度，以确保有足够的时间进行审查和检查
获得必要的授权	在提交审计报告之前，应该获得相关方面的授权，以确保审计报告的准确性和可信度。授权的方式可以是签署一份授权书或其他适当的方式

5. 3. 5　审计报告归档要求

审计报告归档是指将完成的审计报告和相关文件储存并保存在特定的地方，以供未来查阅和参考。审计报告归档应该严格按照规定要求进行，保证其安全完整。审计报告归档的要求如表 5-5 所示。

表 5-5　审计报告归档的要求

归档要素	具体要求
归档时间	审计报告通常应该在审计结束后的一段时间内进行归档。时间的长短可以根据具体情况而定，但应该越早越好，以免遗失或损坏
归档地点	审计报告应该存放在安全、易于访问的地方。可以选择公司内部的归档系统或者专门的存档设施，确保其安全性和完整性
归档方式	审计报告可以以电子形式或纸质形式进行归档。无论采用何种形式，都应该进行备份，以免数据丢失或破坏
归档内容	审计报告的归档内容应该包括完整的审计报告、审计计划、审计记录、对应的账户、凭证、票据等资料
归档期限	审计报告的归档期限应该遵守相关法律法规的规定，同时还应考虑公司自身的管理需要。一般来说，审计报告的归档期限应该不少于 5 年，具体时间可以根据不同的国家、地区和行业规定而定

第6章
后续审计与评价

6.1 落实审计整改

6.1.1 下达整改通知书

整改通知书是指审计部依据企业规定对被审计单位进行审计后，把做出的处理决定或建议下达至被审计单位，使其对自身存在的问题进行整改和改进的文书，整改通知书的内容和范例如下。

（1）整改通知书的内容

① 需要整改的问题

② 需要采取的整改措施

③ 完成整改措施的时限或截止日期

④ 整改措施的责任分配

⑤ 确保整改措施实施和有效的后续程序

⑥ 管理层确认整改通知并承诺采取的必要措施

（2）整改通知书的范例

审计结果整改通知书

采购部：

审计部经过对采购部的审计后，发现了一些问题和不足之处。为了提高采购管理的水平，公司管理层要求采购部立即采取整改措施，具体要求如下。

（续）

1．采购流程：采购部需要对采购流程进行优化，明确采购的审批流程、控制采购的成本、加强采购的风险管控等方面的内容。同时，采购部需要建立完整的采购记录，并保留相关的采购凭证。

2．供应商管理：采购部应该对供应商进行更加严格的管理。包括对供应商的背景和资信情况进行调查、评估供应商的能力和质量、建立供应商绩效评估体系等。

3．成本控制：采购部必须更加有效地控制采购成本，包括优化采购流程、谈判更有利的价格和条款、优化库存管理等。

4．内部管理：采购部需要加强内部管理，建立健全的管理制度和内部控制体系，包括建立采购管理制度、规范采购人员的行为等。

请采购部务必认真对待本次整改通知，积极采取措施，加强管理和控制。根据公司要求，采购部务必在××××年××月××日前完成上述整改措施。

请对本通知提供书面答复，概述为解决审计结果发现而采取的措施以及为防止再次发生而采取的其他相关措施。请注意，若未能及时采取适当的整改措施将会导致公司管理层采取进一步措施。

如有任何疑问或需要协助，请随时与审计部联系。

总经办

××××年××月××日

6.1.2 整改结果调查

审计整改结果调查旨在确定上级以及审计部要求的整改措施是否得到实施，以及已经发现的问题是否得到解决，审计结果调查对审计工作具有重要作用。

（1）审计整改结果调查的作用

① 对审计发现的相关问题或缺陷而采取整改措施的有效性进行评估。

② 审计整改结果调查在提高内部审计职能的有效性方面发挥着重要作用。这有助于识别整改措施实施中的缺陷，以确保未来的审计更加有效。

③ 审计整改结果调查可以为审计员提供宝贵的反馈，以提高其工作质量。通过对审计结果采取的整改措施和调查结果，内部审计人员可以提高其对业务流程的理解和控制，并有助于对审计方法进行改进。

（2）审计整改结果调查步骤

审计整改结果调查步骤如图 6-1 所示。

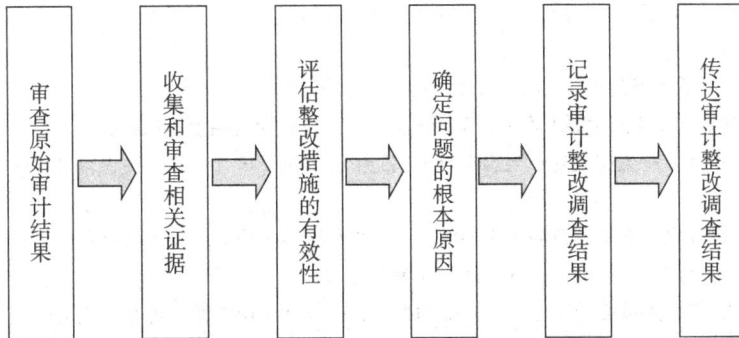

图 6-1　审计整改结果调查步骤

第 1 步：审查原始审计结果

审计人员在开始调查之前，必须了解原始审计结果。

第 2 步：收集和审查相关证据

审计人员要收集和审查与所采取的整改措施和与审计中发现的问题状态相关的证据，尤其是涉及审计内部资料的信息。

第 3 步：评估整改措施的有效性

审计人员要确定采取的整改措施在解决审计中发现的问题上是否有效。这需要审计人员将当前问题的状态与原始审计结果进行比较，并验证整改措施是否已完全实施。

第 4 步：确定问题的根本原因

审计人员应该确定在审计中发现的问题的根本原因以防止问题再次发生。审计人员有必要识别并查证导致问题出现的过程缺陷或内部控制弱点。

第 5 步：记录审计整改调查结果

审计人员应及时记录调查过程，包括记录调查结果、结论和对未来审计的建议。

第 6 步：传达审计整改调查结果

审计人员要将调查结果传达给相关人员，包括管理层和审计部门的人员。

6.1.3　责任追究制度

审计责任追究制度用于规范审计部与被审计单位的审计行为及过程，这一制度对保证审计过程的透明度以及问责制的有效执行至关重要。

下面是某公司制定的审计责任追究制度，供读者参考。

审计责任追究制度

第1章　总则

第1条　为了规范本公司内部审计工作，明确内部审计的职责和权限，对审计结果执行针对性问责，实现内部审计的制度化和规范化，根据《中国内部审计准则》及《公司内部控制基本规范》等规章，结合公司实际情况，制定本制度。

第2条　本制度适用于公司各部门以及相关业务工作的管理。

第3条　审计责任追究制度要求本公司审计人员以及工作开展遵循以下原则。

1. 独立性：审计部应该在免受不当影响或干扰的情况下进行审计工作，使得审计工作能够客观公正地进行。

2. 专业性：审计人员必须具备高水平的能力、道德和诚信。确保审计人员具备有效履行职责所需的知识、技能和经验，并为审计工作提供可靠、准确的审计意见。

3. 客观公正：审计人员必须遵守专业标准和准则，在审计工作中使用可靠和相关的证据来支持调查结果和结论，确保审计过程的可信度和完整性以及促进对审计结果的信任度。

4. 保密性：审计人员有义务对其在审计过程中获得的信息保密，包括财务报表、内部控制和与被审计单位相关的其他敏感信息。审计人员受专业行为准则和公司规定的约束，对所有信息保密。

第2章　审计人员过错责任追究

第4条　本制度所称的审计人员过错，是指审计部的审计人员在实施审计项目和审计调查的过程中，违反审计程序，对审计事项的处理、处罚不当，引用法规或公司规定出现严重错误、采取审计责任追究措施不当以及其他违法违规问题的行为。

第5条　有下列情形之一者，应追究其过错责任，对其责令整改或者告诫批评。

1. 审计目标、审计范围确定的不恰当或未按审计方案（含经调整过的审计方案）要求实施审计，造成方案确定的查证事项不能全面完成的。

2. 未按规定限送达审计通知书、告知和组织听证、征求被审计单位报告的意见，以及不按规定将审计报告、审计移送处理的。

3. 审计人员擅自同意被审计单位暂缓或不执行审计决定、擅自更改审计文书内容、没有及时实施后续审计，造成审计决定得不到执行的。

第6条　有下列情形之一者，应追究其过错责任，对其责令书面检查或者通报批评。

1. 收集的审计证据严重失实，或者隐匿、篡改、毁弃审计证据的。

2. 对审计工作底稿记录的重大问题不予反映或者不如实反映的。

第7条　有下列情形之一者，应当从重追究审计人员的过错责任，对相关负责人进行停职培训或者转岗。

1. 审计实施方案编制、调整不当，造成重大违规问题应当查出而未能查出的，有关人员应当承担相应责任。

2. 采取的审计方法不当，造成审计认定的被审计单位财务会计数据失实，后果严重的。

3. 对重要审计事项未收集审计证据或审计证据不足以支持审计结论造成严重后果的。

4. 对审计过程发现的重要线索，应深入查证而不组织实施，造成严重违法违纪行为未能揭露的。

5. 泄露审计过程中知悉的公司机密、被审计单位的商业秘密以及审计工作内情，违反保密制度，造成不良影响和被审计单位或公司经济损失的。

第8条　有下列情形之一者，应当从重追究审计人员的过错责任，情节严重者，由相关部门依照公司规定给予有关责任人严厉处分。

1. 滥用职权索贿或收贿，故意造成审计行为违规的。

2. 多次发生审计工作过错，或者次数少但后果极其严重的。

3. 玩忽职守，对应当制止或处罚的违规行为不予制止和处罚，使公司利益遭受损害的。

4. 徇私舞弊，包庇纵容被审计单位的违法违规行为的。

（续）

5. 将罚款截留、私分或变相私分后据为已有的。

6. 其他违法行为情节严重、手段恶劣的。

第 9 条　审计人员审计行为涉嫌犯罪的，依法移交司法机关追究刑事责任。

第 10 条　有下列情形之一的，审计人员不承担审计过错责任。

1. 因被审计单位或有关责任人员自己的虚假陈述致使发生审计过错的。

2. 对所做的错误的审计决定或审计报告，审计人员明确表示不同意见，且有文字依据的。

第 11 条　本公司因审计人员过错给被审计单位或有关人员造成损失，依照公司有关规定给予了赔偿的，除追究审计人员审计过错责任外，还应责令其承担部分或全部赔偿费用。

第 3 章　被审计单位过错责任追究

第 12 条　本制度所称的被审计单位过错，是指审计工作结束后，被审计单位存在虚假整改、拒绝或拖延整改、整改不到位的，以及履行督促整改责任或协助整改责任不到位等行为。

第 13 条　有下列情形之一者，应追究其过错责任，对其责令整改或者告诫批评。

1. 被审计单位对审计查出的问题实际整改未到位，弄虚作假，隐瞒事实真相的。

2. 在职责范围内对审计部提出请求协助落实的事项，无正当理由未予以配合，致使审计整改未落实的。

第 14 条　有下列情形之一者，应追究其过错责任，对其责令整改或者告诫批评。

1. 被审计单位无正当理由不接受审计意见不采取整改措施、不配合整改检查规定的；超出审计规定的整改期限，无正当理由，未执行或拖延执行向审计部门报送审计整改方案和整改结果，导致问题未落实的，属于拒绝或拖延整改，应当进行责任追究。

2. 存在应当追责情形，无正当理由拒不履行的。

3. 干扰、阻碍、不配合审计部门对整改情况进责调查的。

4. 经审计部门或相关部门多次督办未见成效的。

第 15 条　有下列情形之一者，应当从重追究审计人员的过错责任，情节严重者，由相关部门依照公司规定给予有关责任人严厉处分。

1. 在职责范围内未认真履行监管责任，督促相关单位落实审计意见，导致重大损失或造成严重后果的。

2. 对监审计查出的共性问题，未按审计意见或建议及时组织研究、采取有效措施，致使问题屡禁不止、造成严重影响的。

3. 有意隐瞒职责范围内整改事项真相的，或授意、指使和放任被审计单位隐瞒整改真相的。

4. 审计整改责任落实不到位、督促协助不力，进一步扩大，造成恶劣影响的。

第 16 条　审计人员审计行为涉嫌犯罪的，依法移交司法机关追究刑事责任。

第 17 条　有下列情形之一的，可以从轻、减轻或免于追究被审计单位的责任。

1. 主动发现、承认并及时纠正审计过错，且未造成严重后果的。

2. 违规行为轻微，经过批评教育后改正的。

3. 无明确的公司规定或者法律依据，或引用的规定、法规并不准确，且无重大后果的。

4. 受他人胁迫有违法行为的。

第 4 章　附则

第 18 条　本制度由审计部负责编制、解释与修订。

第 19 条　本制度自 ×××× 年 ×× 月 ×× 日起生效。

6.2 实施后续审计

6.2.1 后续审计内容

后续审计是在审计工作基本结束之后再次进行的审计工作，用来确定被审计单位采取的整改措施是否得到有效执行，目的是评估被审计单位采取整改措施的有效性。开展后续审计工作需要提前了解后续审计的内容，其内容如下。

（1）对审计执行情况进行考察

后续审计要对审计报告提出的行动执行情况进行监督检查。其中包括制订执行计划、分配责任和确定整改措施的时间节点，还包括检查审计报告执行进度，以确保审计决定得到充分落实。

（2）对审计意见被采纳情况进行了解

后续审计要了解被审计单位对于审计报告所提意见的采纳情况，并确定其是否支持审计意见，以保证审计的有效性和结果的可靠性。在后续审计过程中应充分考虑被审计单位的反馈，并形成一个更明确和全面的意见方案，以解决相关审计问题和缺陷。

（3）对审计过程中常见问题采取相应措施

后续审计要对内部审计过程中经常存在的问题采取相应措施，例如，审计范围或深度不够、审计工作缺乏独立性、对规划和风险评估不准确、文件记录不完整等。

另外，后续审计还要发现潜在的问题或风险。例如，内部审计人员可能因为面临来自管理层的压力或与特定部门业务过于紧密，而影响审计工作的独立性和客观性。

（4）对原审计工作中的不足进行弥补并形成新的审计工作

后续审计发现存在缺陷时，可能需要做出额外的审计决定，以解决缺陷，弥补之前审计工作的不足并确保有效完成审计。根据后续审计新确定的缺陷及其影响，制定解决方案，甚至可能需要审计人员进行额外的审计程序、修订审计计划或重新执行某些审计工作。

（5）根据新情况提出相应建议措施

为了扩大审计效果，后续审计务必根据新情况考虑新的建议和措施。后续审计中可以再次使用风险评估，以帮助企业确定最易受到其他风险影响的业务。另外，由于审计情况的更新，后续审计有必要与所有的审计相关人员进行再次沟通。

6.2.2 后续审计流程

后续审计需要审计人员按照一定流程开展，例如编制后续审计方案，对后续审计作

出安排，并根据后续审计的实施过程和结果编制后续审计报告等，后续审计流程如图 6-2
所示。

（1）后续审计流程

部门名称		审计部		流程名称		后续审计流程
单位	总经理		审计经理	审计人员		被审计单位人员
节点	A		B	C		D

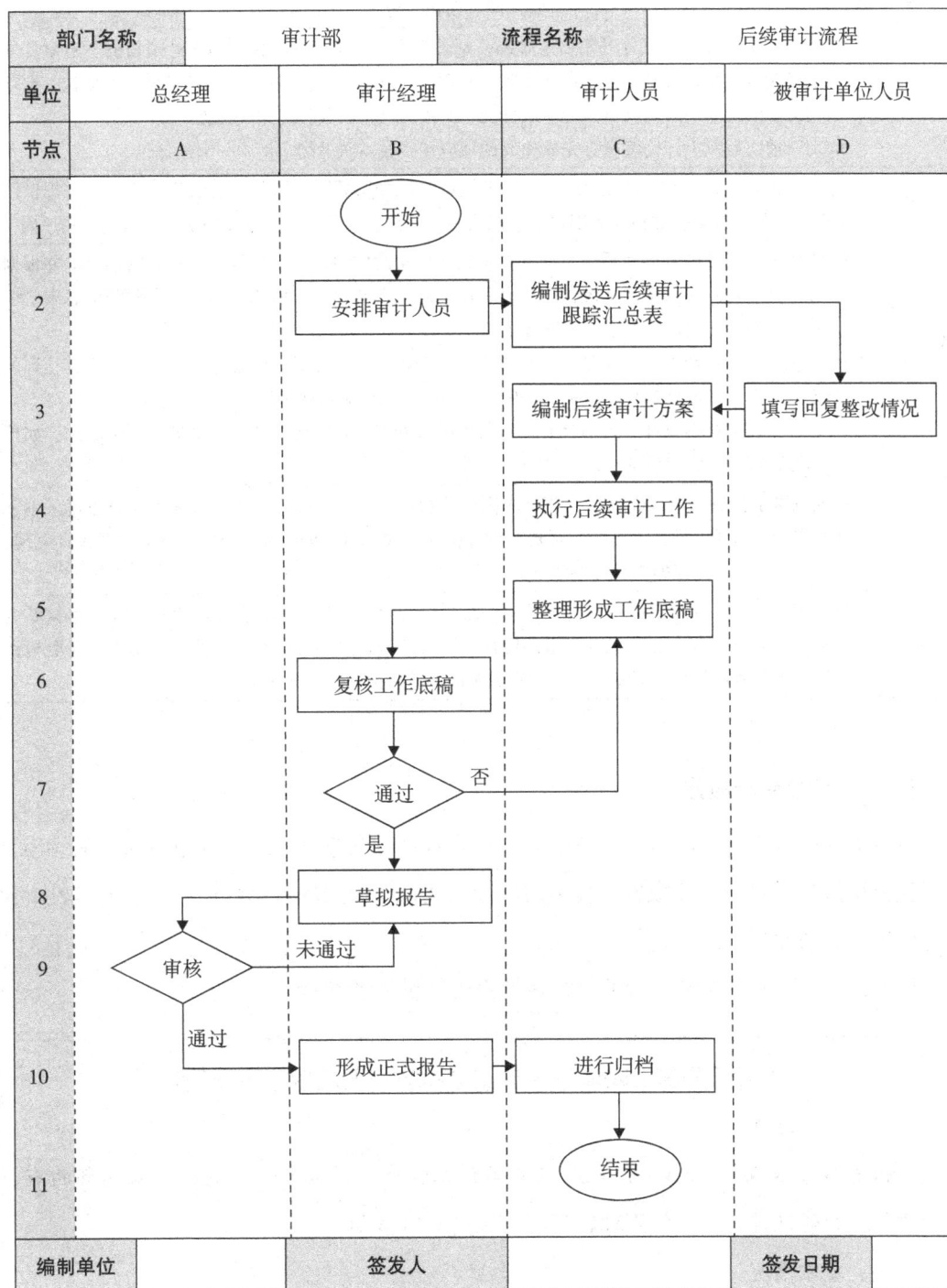

图 6-2　后续审计流程

（2）执行关键点

后续审计流程关键点如表 6-1 所示。

表 6-1　后续审计流程关键点

关键点	细化执行
C2	◆ 审计人员应在后续审计开始后 3 日内，汇总本次后续审计所覆盖的原审计项目的所有审计发现及整改计划，编制《后续审计跟踪汇总表》，并以电子邮件的形式发送给被审计单位，要求对方在规定时间内回复目前的整改情况，并提交已整改项目的相关证据 ◆ 对于前次后续审计仍然没有完成整改的项应包括在本次后续审计中一起进行
D3	被审计单位人员应在规定时间内将当前的整改情况如实填写在跟踪汇总表相应栏内，并提供已整改项目的支撑证明材料作为附件一并提交给审计部。未整改或不整改的项目应详细说明原因
C3	◆ 审计人员应在收到回复后 3 日内，复核初步收集的资料，及时取得需要补充的信息。并根据被审计单位提供的整改情况回复以及证明材料，对整改情况做初步判断，在跟踪汇总表中填写复核结论，选择后续审计跟进方案 ◆ 实际的整改行动可能不同于当初在报告中所确定的整改方案，但如果审计人员认为其达到的效果一致，即风险被有效控制了，那么该整改行动也应当被接受 ◆ 审计人员应根据审计发现的重要性进行判断，确定是否需要对整改行动进行后续跟踪，如果需要跟踪的，确定后续跟踪的时间和方式
B8	完成测试工作后，审计经理应在 3 日内完成后续审计报告的拟订工作。后续审计报告可采用审计备忘录的形式汇报，不必采用正式的审计报告格式。对于仍然没有得到整改的重要审计发现，应与被审计单位商议确定后续整改计划
A9	总经理应在收到后续审计报告后 3 日内完成对报告内容及相关审计工作的审核工作。审核要点包括：后续跟踪审计程序是否恰当；检查审计底稿是否完整且能有效支撑审计结果；还要检查审计报告是否规范、是否能完整清晰简明地将审计结果予以汇报等

6.2.3　后续审计报告

后续审计报告是指内部审计人员根据后续审计计划和方案，对审计单位实施后续审计后，就被审计单位对原审计报告中提出的问题及建议，而采取行动的适当性、有效性、及时性所出具的书面文件。

以下是某公司对采购部流程的后续审计报告，供读者参考。

关于对采购部采购流程审计意见执行情况的后续审计报告

A 公司审计部：

根据 ×××× 年 ×× 月 ×× 日的审计工作计划，审计部于近期对采购部的审计意见执行情况进行了后续审计，现将有关情况报告如下。

一、基本情况

×××× 年 ×× 月 ×× 日止审计部共完成审计项目 ×××× 项，提出审计意

（续）

见××条。我部于××××年××月××日对采购部下发了对审计意见执行情况后续审计的通知，要求采购部书面上报审计意见执行情况，进行了审计抽样。

　　我部对采购部上报的材料进行了统计汇总，其中已执行的审计意见＿＿＿条，已整改处理的采购流程及不规范业务等问题＿＿＿个。总体来看，对于我部下发的审计意见，采购部都十分重视，并且逐项落实整改。

　　二、后续审计情况

　　我部于××××年××月按照公司规定的审计标准对采购部进行了后续审计。我部对管理层的进度报告与执行先前审计建议相关的文件进行了再次审查并对关键人员进行了相关采访，且在必要时进行了额外测试。

　　从审计情况看，采购部对审计意见实际执行情况与上报的情况基本一致，对我部提出的审计意见都进行了落实和整改，采购部根据审计意见整改后优化了采购流程，提高了采购效率。我部发现采购部虽然执行了相关建议，但有些问题仍然存在，具体情况如下。

　　1．采购部部分员工职责划分尚不明确，业务交叉混乱。

　　2．采购人员专业素质不高，业务能力有待提高。

　　3．采购行为依然缺少必要的监督，透明性不足。

　　三、审计建议

　　1．采购部制定实施新的采购政策和程序手册，包括竞争性招标、供应商资格和合同管理的相关要求。

　　2．采购部为所有采购人员实施采购培训计划，提高其业务能力。

　　3．设立一个中央采购办公室，实施电子采购系统，改善对采购活动的监督和协调。

审计部

××××年××月××日

6.3　审计评价

6.3.1　审计评价标准

　　审计评价是评价企业审计工作的有效性和效率，并且发表审计意见的行为。评价的目的是确定审计工作是否符合其目标，包括识别和管理风险、保证审计资料的准确性和可靠性,以及确保审计开展符合法规和内部规定。

审计评价是审计中最灵活的步骤,因此,审计评价必须遵循一定的标准。审计评价的标准如表6-2所示。

表6-2 审计评价的标准

评价标准	具体说明
独立性	审计评价在审计过程中可能由于审计人员受个人、关系、金钱等因素的影响,导致审计结果不准确或不完整。因此,审计评价一般要实行轮换审计,审计人员除审计相关业务外的工作都要受到限制,公司也应该要求审计人员回避与其有个人或财务利益相关的审计工作
客观性	◆ 为了保持客观性,审计评价必须遵守既定的审计标准和准则,这些标准和准则为审计人员以客观和专业的方式进行审计提供了框架 ◆ 审计评价还需要审计人员保持专业的怀疑态度,他们应该质疑并批判性地评价提交给他们的证据和资料,而不是从表面上进行审计,以确保审计的彻底,并检测出潜在问题或差异
资料证据完备性	在进行审计评价前,审计部应充分掌握评价涉及的所有相关资料,包括但不限于被审计单位提供的资料,在此基础上的评价才能趋于准确
合规性	审计评价应确保审计活动符合适用的法律、法规和公司内部规定
及时性	及时性是审计评价工作的一项重要标准。审计人员应及时完成前期审计工作,以便管理层在问题变得更严重之前采取整改措施
沟通便捷	审计评价应以清晰、简洁和易懂的方式传达,评价结果呈现应该层次分明、详略得当

6.3.2 审计评价报告

审计评价的结果通常会被整理成一份审计报告,该报告会对被审计单位的经营状况、业务流程和内部控制等方面进行评估和描述,并提供有针对性的建议和改进措施。

下面是某公司制定的审计评价报告,供读者参考。

A 公司审计评价报告

一、审计背景

本公司是一家大型制造公司,拥有多个生产基地和销售网络。在过去的几年中,公司的财务状况一直比较稳定,但由于行业竞争激烈,公司的利润率和市场份额均有所下降。因此,公司希望通过本次评估,找到提高运营效率和增加利润的途径。

二、审计评价目的

对本公司的财务、经营和管理方面进行评估,确定其财务状况和运营效率,并提出改进建议。

（续）

三、评估范围

该评估涉及本公司的财务报表、内部控制、风险管理等方面。

四、评估方法

本次评估采用了 COSO 评估模型和 ISO 19011 评估模型相结合的方法。

五、审计评价现状

1．财务方面

审计部对本公司的财务状况进行了评估，发现其财务报表准确、完整、及时，内部控制有效，未发现重大的审计调整事项。

具体来说，本次审计评价对公司的资产、负债和所有者权益进行了核对和验证，发现其财务报表准确无误。同时，审计人员也对公司的财务控制体系进行了评估，发现公司财务控制规范完善，运作有效，内部审计和风险管理工作也得到了充分的落实。

2．内部控制方面

审计部对本公司的内部控制进行了评估，发现其内部控制存在一些不足之处，需要进行改进。

具体来说，本次审计评价发现本公司的内部控制方面存在以下问题。

（1）授权不明确：在公司的运营过程中，授权不明确导致员工难以正确地识别和执行自己的任务和职责。

（2）信息系统管理不足：公司的信息系统管理方面有待加强，包括信息安全管理、IT 基础设施管理、数据备份和恢复管理等。

（3）运营过程中的风险控制不足：公司未对运营过程中的风险进行充分的评估和管理，需要加强运营风险工作。

3．风险管理方面

审计部对本公司的风险管理体系进行了评估，发现其风险管理体系存在一些问题，需要加强。

具体来说，本次审计评价发现本公司的风险管理方面存在以下问题。

（1）风险管理政策和流程不完善：公司未建立完善的风险管理政策和流程，导致风险管理工作的有效性和连续性受到一定的影响。

（2）应急响应能力不足：公司可能缺乏有效的应急响应计划，无法及时响应突发事件。这可能会导致公司在应对风险时无法迅速做出反应。

（续）

（3）缺乏有效的监督和管理：公司可能没有足够的监督和管理机制，无法确保风险管理策略的有效实施。这可能会导致公司的风险管理体系无法持续地改进和完善。

六、审计建议

1. 财务方面

本公司财务状况表现良好，没有比较明显的问题。但是在开展各项审计工作过程中，由于财务部在工作中处于被动地位，财务信息和相关资源共享程度不高。建议财务部相关人员进一步提高对审计的配合度，提升审计效率。

2. 内部控制方面

（1）加强内部控制制度的设计：公司应根据业务特点和风险情况，制定更加完善、实用的内部控制制度，包括完善的流程、规范的操作指南和适当的授权流程等。

（2）加强内部控制信息化建设：公司需要加强内部控制信息化建设，利用现代化信息技术提高内部控制的效率和质量。例如，可以建立内部控制管理系统、智能化审计平台等。

（3）健全风险管理和内部控制框架：公司应建立科学、规范的风险管理和内部控制框架，包括风险识别、风险评估、风险控制和风险监控等环节，以实现内部控制与风险管理的有机结合。

3. 风险管理方面

（1）优化风险管理流程：公司应该优化和完善风险管理流程，确保风险管理的各项工作能够有序开展。流程中应该明确每个岗位的职责和工作内容，同时还应该规范工作的流程和标准。

（2）加强风险监测和预警：公司应该加强风险监测和预警工作，及时发现风险、控制风险。同时，还应该建立和完善风险监测和预警机制，确保风险能够得到有效的管控和处理。

（3）加强风险管理的持续改进：公司应该不断总结和分析风险管理工作中的问题和经验，加强风险管理的持续改进。这样可以不断提高风险管理的有效性和适应性，为公司的发展提供保障。

审计部

××××年××月××日

第7章
内部控制体系建设

7.1 内部环境

7.1.1 内部控制环境建设

内部控制环境建设是公司内部控制体系建设的基础，居公司内部控制建设五要素之首，对公司内部的控制活动起着重要作用，公司的内部控制环境建设包括组织架构、发展战略、人力资源、社会责任、企业文化5个方面，具体内容如图7-1所示。

组织架构	发展战略	人力资源	社会责任	企业文化
◆ 职能结构建设 ◆ 管理架构建设 ◆ 支持系统建设	◆ 发展愿景 ◆ 战略目标 ◆ 业务战略 ◆ 职能战略	◆ 人力资源规划 ◆ 人流资源引进 ◆ 人力资源开发 ◆ 人力资源使用 ◆ 人力资源退出	◆ 环境保护 ◆ 安全生产 ◆ 社会道德 ◆ 公共利益	◆ 物质层文化 ◆ 行为层文化 ◆ 制度层文化 ◆ 精神层文化

图 7-1 内部控制环境建设内容

内部控制常见问题

7.1.2 内部环境的主要风险

严谨健全的内部控制体系是公司防范经营风险、提高经营管理水平的有力保障，在内部控制环境建设时，主要有以下 5 项风险需要注意，具体如表 7-1 所示。

表 7-1 内部环境的主要风险

风险内容	具体说明
组织架构设计与运行风险	◆ 治理结构形同虚设，缺乏科学决策、良性运行机制和执行力，可能导致公司经营失败，难以实现发展战略 ◆ 内部机构设计不科学，权责分配不合理，可能导致机构重叠、职能交叉或缺失、推诿扯皮，运行效率低下 ◆ 在董事会及其审计委员会中，没有适当数量的独立董事，且相关独立董事的作用未得到有效发挥 ◆ 对经理层的权力缺乏有效的监督与约束
发展战略管理风险	◆ 精力集中在日常经营事务上，对公司长远发展战略缺乏统筹规划，忽视公司深层次发展问题的研究 ◆ 公司虽有发展战略，但发展战略的实施不到位，导致公司盲目发展，难以形成竞争优势，丧失发展机遇和动力 ◆ 公司所定发展战略过于激进，脱离公司实际能力或偏离主营业务，可能致公司过度扩张，甚至经营失败 ◆ 公司虽制定了发展战略，但该战略适应外部环境变化的能力弱、保证措施不到位，以致战略往往流于文字形式，实施效果不理想
人力资源管理风险	◆ 人力资源缺乏或过剩、结构不合理、开发机制不健全，可能导致公司发展战略难以实现 ◆ 人力资源需求计划不合理，岗位职责安排不科学，可能导致公司无法获得经营管理所需员工 ◆ 关键岗位人员管理不完善，可能导致人才流失、经营效率低下或关键技术、商业秘密的泄露 ◆ 人力资源考核政策和薪酬制度不合理，人力资源激励约束制度不合理，可能导致公司员工流失或者业绩低下
社会责任履行风险	◆ 安全生产措施不到位，责任不落实，可能导致公司发生安全事故 ◆ 产品质量低劣，对消费者的权益产生影响，可能导致公司面临巨额赔偿、形象受损，甚至破产等问题 ◆ 对环境保护投入不足，资源耗损大，造成环境污染或资源枯竭，可能导致公司巨额赔偿、缺乏发展后劲，甚至停业 ◆ 促进就业和员工权益保护不够，可能导致员工积极性受挫，影响公司发展和社会稳定
企业文化建设风险	◆ 缺乏积极向上的企业文化，可能导致员工丧失对公司的信心和认同感，公司缺乏凝聚力和竞争力 ◆ 缺乏开拓创新、团队协作和风险意识，可能导致公司发展目标难以实现，影响可持续发展 ◆ 缺乏诚实守信的经营理念，可能导致舞弊事件的发生，造成公司损失，影响公司信誉 ◆ 忽视公司间的文化差异和理念冲突，可能导致并购重组失败

7.1.3　持续完善内部环境

内部环境是推动企业发展的关键要素，也是其他一切要素的核心和基础，它决定了其他控制要素能否发挥作用。持续完善内部环境对建立与实施有效的内部控制及实现内部控制目标起着举足轻重的作用，具体完善措施有以下 5 点。

（1）完善公司组织架构

企业在运营过程中，要善于发现组织架构问题，进行组织诊断，发现组织优化需求，并根据实际情况，明确组织优化的方式、内容、执行者、范围等。企业通过改变或调整组织结构，优化管理层级和管理幅度，持续完善内部环境。

（2）提高执行力，落实公司发展战略

企业发展战略指明了发展方向、目标与实施路径，描绘了企业未来经营方向和目标，是企业发展的蓝图。良好的执行力是企业落实发展战略的基础，有利于企业发挥自身优势。因此，提高执行力是持续完善内部环境的重要手段。

（3）完善人力资源政策

人力资源是保证企业可持续发展的源泉，企业在人力资源管理中既要注重以人为本，也要加强规范管理，注意奖惩并举、重视监督，完善配套的激励机制，达到充分调动和发挥人的主观能动性，进而取得企业与员工共赢的局面。

（4）提升社会责任意识

企业的社会责任意识是公司生存和发展的基础，企业应该履行自己的社会职责，明确自己的社会责任，把追求社会效益作为使命，使整个组织和社会进行有益的联系，从而促进整个系统的和谐运转。

（5）加强企业文化建设

企业文化是公司长期生产、经营、建设，发展过程中所形成的管理思想、管理方式。公司应加强企业文化建设，解决团体目标与个人目标的矛盾、领导者与被领导者的矛盾，推动内部控制的顺利实施。

7.2　风险评估

7.2.1　风险识别

风险识别是在风险收集的基础上，对各种不确定因素进行梳理、汇总，形成的风险点清单。风险识别是一个动态、连续的过程，要分别从业务活动的不同层面识别影响目标实现的不确定性因素。

风险识别包括内部风险识别和外部风险识别，风险识别需关注的因素如表 7-2 所示。

表 7-2 风险识别需关注的因素

风险类型	关注因素
内部风险	◆ 董事、监事、经理及其他高级管理人员的职业操守、员工专业胜任能力等人力资源因素 ◆ 组织机构、经营方式、资产管理、业务流程等管理因素 ◆ 研究开发、技术投入、信息技术运用等自主创新因素 ◆ 财务状况、经营成果、现金流量等财务因素 ◆ 营运安全、员工健康、环境保护等安全环保因素 ◆ 其他有关内部风险因素
外部风险	◆ 经济形势、产业政策、融资环境、市场竞争、资源供给等经济因素 ◆ 法律法规、监管要求等法律因素 ◆ 安全稳定、文化传统、社会信用、教育水平、消费者行为等社会因素 ◆ 技术进步、工艺改进等科学技术因素 ◆ 自然灾害、环境状况等自然环境因素 ◆ 其他有关外部风险因素

7.2.2 风险分析方法

识别风险后，企业可采用定量或定性的方法对风险进行分析，分析的内容主要有风险发生的可能性、风险可能产生的影响、风险的重要性等，并进行风险排序。关于两种风险识别方法的具体说明如表 7-3 所示。

表 7-3 风险识别方法

方法名称	措施	优点	缺点
定性方法	◆ 问卷调查 ◆ 集体讨论 ◆ 专家咨询 ◆ 情景分析 ◆ 政策分析 ◆ 行业标杆比较 ◆ 管理层访谈 ◆ 访谈和调查研究	◆ 可行性较好 ◆ 可考虑无法计量因素	◆ 精确度不够 ◆ 带有一定的主观随意性 ◆ 分析结果很难有统一的解释
定量方法	◆ 统计推论（如集中趋势法） ◆ 计算机模拟（如蒙特卡罗分析法） ◆ 失效模式与影响分析 ◆ 事件树分析	◆ 风险分析精确 ◆ 分析结果直观，容易理解	◆ 数据的可靠性很难保证 ◆ 许多非计量因素无法考虑

7.2.3 风险应对措施

企业在确定经营活动中存在的风险，并分析出风险概率及风险影响力的基础上，应根据风险性质以及对风险的承受能力制定风险应对措施，具体内容如表7-4所示。

表 7-4 风险应对措施

应对措施	具体方法
风险承担	对风险承受能力之内的风险，在权衡成本效益之后，不采取控制措施降低风险或者减轻损失
风险规避	对超出风险承受能力的风险，通过放弃合作或者停止与该风险相关的业务活动等方式避免和减轻损失
风险转移	通过合同或非合同的方式将风险转嫁给另一个人或单位
风险转换	通过某些方法将公司面临的风险转换成另一种风险，例如公司为销售产品，放宽客户信用标准，将销售风险转换为回款风险
风险对冲	通过投资或购买与标的资产收益波动负相关的某种资产或衍生产品等方式，冲销标的资产潜在的风险损失
风险降低	在权衡成本效益之后，采取适当的控制措施降低风险或者减轻损失，将风险控制在风险承受度之内，例如项目采购时预留部分项目保证金，如果材料出问题则用此部分资金支付，降低风险
风险分担	借助他人力量，采取业务分包、购买保险等方式和适当的控制措施，将风险控制在风险承受度之内
风险补偿	事前（损失发生以前）对风险承担的价格补偿，例如在交易价格上附加风险溢价，即通过提高风险回报的方式，获得承担风险的价格补偿

7.3 控制活动

7.3.1 控制活动方案设计

控制活动包括资金活动、采购业务、资产管理、销售业务、研究与开发、工程项目、担保业务、业务外包、财务报告。企业制定控制活动方案可以有效规范活动行为，降低活动风险，下面是一则采购业务控制方案，以供参考。

采购业务控制方案

一、采购业务控制目标

1. 统一公司内部的采购工作流程，确保最优的采购成本。

2. 保证采购业务在内、外部各环节的运行通畅和高效。

3. 及时、准确提供存货采购的会计信息。

4. 防止采购环节中违法乱纪、侵吞公司利益等不法行为的发生。

二、方案执行人员

采购部人员、财务部人员、审计部人员。

三、采购业务标准流程

1. 制订需求与采购计划。采购部门根据需求、计划，归类、汇总、平衡现有库存物资后，统筹安排采购计划，并按规定的权限和程序审批后执行。

2. 请购。生产经营部门根据采购计划和实际需要，提出采购申请。

3. 选择供应商。选择供应商是采购业务的重要环节，供应商的质量会直接影响公司的采购成本与物资质量。

4. 确定采购价格。确定采购价格时要尽量保证以最优的"性价比"采购物资。

5. 订立框架协议或采购合同。框架协议是公司与供应商之间为建立长期物资购销关系而做出的一种约定。采购合同是公司根据采购需要，确定供应商、采购方式、采购价格等情况后，与供应商签订的具有法律约束力的协议，该协议对双方的权利、义务和违约责任等情况做出了明确规定。

6. 管理供应过程。指公司监督合同的执行，评价供应商的供货情况，并办理运输、投保等事宜，实时掌握物资的采购供应过程。

7. 验收。公司对采购物资的检验接收，以确保其符合合同相关规定或产品质量要求。

8. 付款。公司在对采购预算、合同、相关单据凭证、审批程序等内容审核无误后，按照采购合同规定及时向供应商办理支付款项的过程。

四、采购业务的授权

公司对采购业务的授权全权集中于采购部。

五、采购计划的制订与审批

公司各部门每月____日向采购部报送下月的物资采购计划，采购部经汇总、综合平衡后向财务部报送当月公司整体采购计划和采购资金预算。

财务部审核通过后报总经理审批，审批通过后下发采购部执行，同时转财务部备案作为资金安排的依据。

六、采购业务执行控制

（一）请购控制

1. 建立采购申请制度，依据购买物资或接受劳务的类型，确定归口管理部门，授予相应的请购权，明确相关部门或人员的职责权限及相应的请购程序。

2．具有请购权的部门对于预算内采购项目，应当严格按照预算执行进度办理请购手续，并根据市场变化提出合理采购申请。

3．对于超预算和预算外采购项目，应先履行预算调整程序，由采购部审批后，再行办理请购手续。

4．审批采购申请时，应重点关注采购申请内容是否准确、完整，是否符合生产经营需要，是否符合采购计划，是否在采购预算范围内等。对不符合规定的采购申请，应要求请购部门调整请购内容或拒绝批准。

（二）供应商控制

1．建立供应商评估和准入制度，对供应商资质信誉情况的真实性和合法性进行审查，确定合格的供应商清单，健全公司统一的供应商网络。

2．新增供应商的市场准入、供应商新增服务关系以及调整供应商物资目录，都要由采购部门根据需要提出申请，并按规定的权限和程序审核批准后，纳入供应商网络。

3．采购部门应当按照公平、公正和竞争的原则，择优确定供应商，在切实防范舞弊风险的基础上，与供应商签订质量保证协议。

4．建立供应商管理信息系统和供应商淘汰制度，对供应商提供物资或劳务的质量、价格、交货及时性、供货条件及其资信、经营状况等进行实时管理和考核评价，根据考核评价结果，提出供应商淘汰和更换名单，经审批后对供应商进行合理选择和调整，并在供应商管理系统中做出相应记录。

（三）采购价格控制

1．健全采购定价机制，采取协议采购、招标采购、询比价采购、动态竞价采购等多种方式，科学合理地确定采购价格。

2．对标准化程度高、需求计划性强、价格相对稳定的物资，通过招标、联合谈判等公开、竞争方式签订框架协议。

3．定期研究大宗通用重要物资的成本构成与市场价格变动趋势，确定重要物资品种的采购执行价格或参考价格。

（四）协议或合同控制

1．对拟签订框架协议的供应商的主体资格、信用状况等进行风险评估。

2．框架协议的签订应引入竞争制度，确保供应商具备履约能力。

3．根据确定的供应商、采购方式、采购价格等情况，拟订采购合同，准确描述合同条款，明确双方权利、义务和违约责任，按照规定权限签署采购合同。

4．对于影响重大、涉及较高专业技术或法律关系复杂的合同，应当组织法律、技术、财会等专业人员参与谈判，必要时可聘请外部专家参与相关工作。

5．对重要物资验收量与合同量之间差异的允许量，应当做出统一规定。

（五）供应过程控制

1．依据采购合同中确定的主要条款跟踪合同履行情况，对有可能影响生产或工程进度的异常情况，应出具书面报告并及时提出解决方案，采取必要措施，保证需求物资的及时供应。

2．对重要物资建立并执行合同履约过程中的巡视、点检和监造制度。对需要监造的物资，择优确定监造单位，签订监造合同，落实监造责任人，审核确认监造大纲，审定监造报告，并及时向技术等部门通报。

3．根据生产建设进度和采购物资特性等因素，选择合理的运输工具和运输方式，办理运输、投保等事宜。

4．实行全过程的采购登记制度或信息化管理，确保采购过程的可追溯性。

（六）验收控制

1．制定明确的采购验收标准，结合物资特性确定必检物资目录，规定此类物资出具质量检验报告后方可入库。

2．验收人员应当根据采购合同及质量检验部门出具的质量检验证明，重点关注采购合同、发票等原始单据与采购物资的数量、质量、规格型号等核对一致。

3．对验收合格的物资，填制入库凭证，加盖物资"收讫章"，登记实物账，及时将入库凭证传递给财会部门。

4．物资入库前，采购部门须检查质量保证书、商检证书或合格证等证明文件。

5．对于验收过程中发现的异常情况，如无采购合同、大额超合同采购、超采购预算的采购、物资损毁等，验收人员应当立即向公司有权管理的相关部门报告，相关部门应当查明原因并及时处理。

6．对于不合格物资，采购部门依据检验结果办理让步接收、退货、索赔等事宜。对延迟交货造成生产建设损失的，采购部门要按照合同约定索赔。

（七）付款控制

1．严格审查采购票据的真实性、合法性和有效性，判断采购款项是否确实应予支付。

（续）

2. 重视采购付款的过程控制和跟踪管理，如果发现异常情况，应当拒绝向供应商付款，避免出现资金损失和信用受损。

3. 根据国家有关支付结算的相关规定和公司生产经营的实际，合理选择付款方式，并严格遵循合同规定，防范付款方式不当带来的法律风险，保证资金安全。

4. 加强预付账款和定金的管理，涉及大额或长期的预付款项，应当定期进行追踪核查，综合分析预付账款的期限、占用款项的合理性、不可收回风险等情况，发现有疑问的预付款项，应当及时采取措施，尽快收回款项。

七、采购业务监督

1. 审计部负责对公司的采购业务进行监督检查。

2. 采购业务监督的内容主要包括。

（1）采购业务相关岗位及人员的设置情况。

（2）采购业务授权批准制度的执行情况。

（3）采购计划与合同情况。

（4）采购价格及采购渠道情况。

（5）货款结算情况。

（6）应付账款和预付款的管理情况。

（7）有关单据、凭证和文件的使用和保管情况。

3. 审计部对监督检查的结果要出具内部审计报告，发现的薄弱环节和问题，有关部门要采取措施，及时加以纠正和完善。

7.3.2　控制活动实施措施

公司应当根据内部控制目标，结合自身的风险应对策略，综合运用控制措施，对各种业务和事项实施有效控制，控制活动实施措施如表 7-5 所示。

表 7-5　控制活动实施措施

控制措施	控制要求
不相容职务分离控制	全面系统地分析、梳理业务流程中所涉及的不相容职务，实施相应的分离措施，形成各司其职、各负其责、相互制约的工作机制
授权审批控制	根据常规授权和特别授权的规定，明确各岗位办理业务和事项的权限范围、审批程序和相应责任

（续表）

控制措施	控制要求
会计系统控制	严格执行国家统一的会计准则制度，加强会计基础工作，明确会计凭证、会计账簿和财务会计报告的处理程序，保证会计资料真实完整
财产保护控制	建立财产日常管理制度和定期清查制度，采取财产记录、实物保管、定期盘点、账实核对等措施，确保财产安全
预算控制	实施全面预算管理制度，明确各责任单位在预算管理中的职责权限，规范预算的编制、审定、下达和执行程序，强化预算约束
运营分析控制	建立运营情况分析制度，综合运用生产、购销、投资、筹资、财务等方面的信息，通过因素分析、对比分析、趋势分析等方法，定期开展运营情况分析，发现存在的问题，及时查明原因并加以改进
绩效考评控制	建立并实施绩效考评制度，科学设置考核指标体系，对公司内部各责任单位和全体员工的业绩进行定期考核和客观评价，将考评结果作为确定员工薪酬及职务晋升、评优、降级、调岗、辞退等的依据

7.4 信息与沟通

7.4.1 信息收集与传递

内部控制活动离不开信息的收集和传递，企业在制定策略和日常运作中需要各种形式的信息，信息在企业内部能够有效传递，这对贯彻落实公司发展战略、执行公司全面预算、识别企业生产经营活动中的内外部风险具有重要作用。

（1）信息收集

信息收集是信息得以利用的第一步，也是关键的一步。企业要收集的信息主要包括业务运营过程中所产生的信息、业务管理中所产生的信息、业务监控所产生的信息、重大决策产生的信息、重大评审过程中所产生的信息。信息收集的渠道如图 7-2 所示。

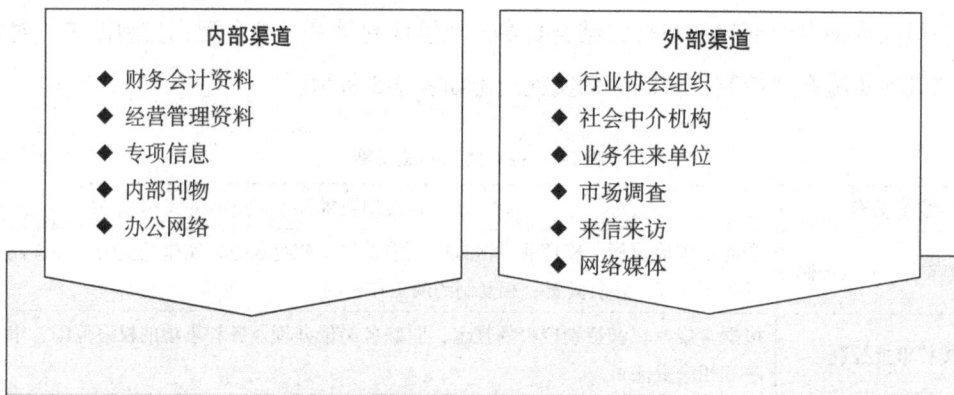

内部渠道
- ◆ 财务会计资料
- ◆ 经营管理资料
- ◆ 专项信息
- ◆ 内部刊物
- ◆ 办公网络

外部渠道
- ◆ 行业协会组织
- ◆ 社会中介机构
- ◆ 业务往来单位
- ◆ 市场调查
- ◆ 来信来访
- ◆ 网络媒体

图 7-2 信息收集的渠道

（2）信息传递

内部信息传递是企业内部各管理层级之间通过内部报告的形式传递生产、经营、管理信息的过程，信息传递应遵循真实准确性原则、及时有效性原则、保密原则。内部信息在传递时可能面临以下风险，具体内容如图 7-3 所示。

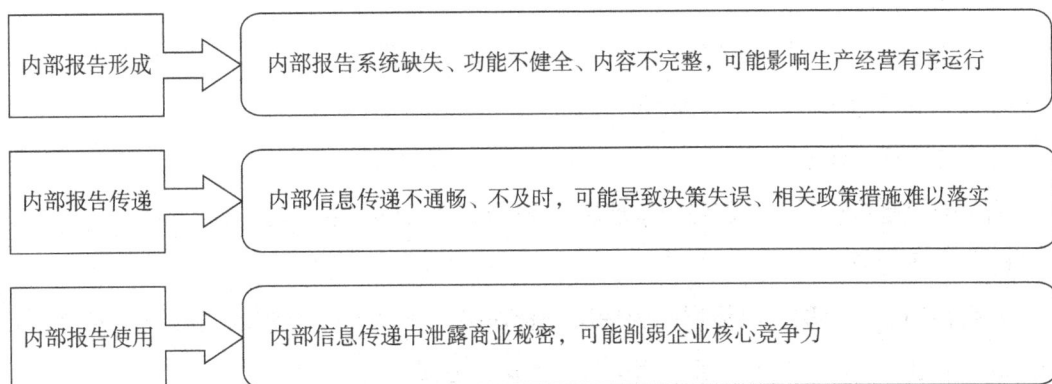

内部报告形成	⇒	内部报告系统缺失、功能不健全、内容不完整，可能影响生产经营有序运行
内部报告传递	⇒	内部信息传递不通畅、不及时，可能导致决策失误、相关政策措施难以落实
内部报告使用	⇒	内部信息传递中泄露商业秘密，可能削弱企业核心竞争力

图 7-3　内部信息传递风险

7.4.2　信息系统设计

信息系统是由计算机软硬件、数据通信技术、规章制度与相关人员等组成的系统，可以及时、正确地为公司收集、加工、存储、传递和提供信息，对内部控制进行集成、转化和提升，信息系统设计时需具备的功能如表 7-6 所示。

表 7-6　信息系统功能

功能模块	具体说明
信息收集、处理功能	信息的采集、输入、加工、存储、传输和输出，合理分析公司信息管理的需求，全面系统地组织企业信息，通过相应的技术手段、保存并输出公司的信息
事务处理功能	协助企业完成最基本的、每日例行的业务处理活动，帮助管理人员完成一些烦琐的重复性劳动，例如统计报表、工资核算、销售订单处理、原材料出库、费用支出报销等
计划功能	通过设定一定的约束条件，系统根据已有信息合理安排企业中各部门的计划，向不同层次的管理人员提供相应的计划报告
控制功能	根据计划、数据，对具体执行情况进行监督、检查和校正，比较执行与计划的差异，分析产生差异的原因，帮助管理人员及时加以控制，并将控制信息回馈于系统
辅助决策功能	根据已知数据和条件，应用现代数学方法，进行预测，对未来的发展情况做出估计，及时推导出有关问题的最优解，并用易于理解和使用的多媒体形式把信息提供给决策者，辅助管理人员进行决策。典型的决策支持系统有销售分析与预测、定价决策分析等

7.4.3　沟通渠道与机制设计

为了更好地实施内部控制，建立完善的信息沟通渠道及沟通机制是必不可少的。沟通渠道包括三个方面：自上而下的沟通、自下而上的沟通，以及平行沟通，沟通机制主要有文字形式、会议形式、面对面形式等，具体内容如下。

（1）自上而下沟通

自上而下是决策层→管理层→经理层→执行层，采用任务发布、通知（包括但不限于口头通知、邮件通知）、发文等沟通的方式。

（2）自下而上沟通

由下而上是执行层→经理层→管理层→决策层，一般采用汇报沟通的方式。

（3）平行沟通

平行传递是决策层→决策层、管理层→管理层、经理层→经理层、执行层→执行层，通过邮件、会议、电话交流、面对面交流等沟通的方式。

7.5　内部监督

7.5.1　内部监督目标

内部监督是指由合适的人员及时评估内部控制设计和运行情况的过程，以保证内部控制体系有效运行和逐步完善，也是一个完善的内部控制体系必不可少的环节。内部监督的工作目标如图 7-4 所示。

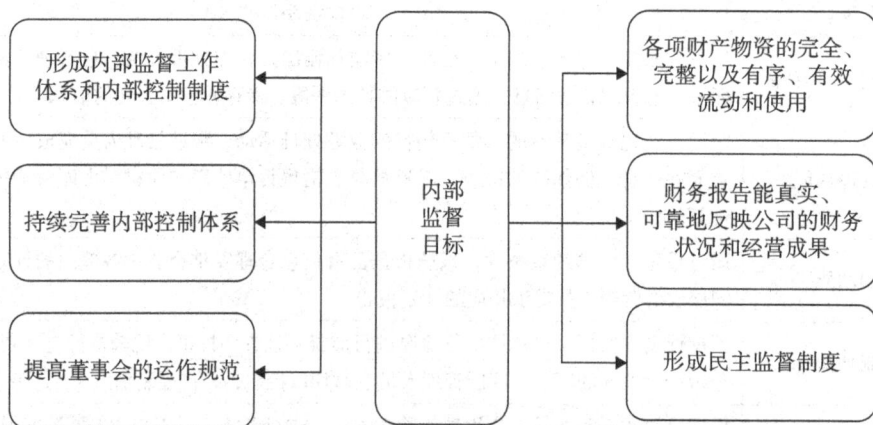

图 7-4　内部监督的工作目标

7.5.2 内部监督风险点

内部监督是内部控制的基本要素，对于内部控制的有效运行和不断完善，都起着重要的作用。内部监督是企业对内部控制建立与实施情况进行监督检查、有效性评价、发现缺陷、实施质量评价的过程。在内部监督过程中，存在以下风险点，具体如表 7-7 所示。

表 7-7　内部监督风险点

风险点	具体说明
内部监督 不到位	◆ 内部监督的功能交叉，标准不一，且分散管理，缺乏横向信息沟通，导致监督无效 ◆ 内部监督没有按照设定的目标进行，有的以平衡预算和创收为目的，导致监督弱化 ◆ 不规范的执业环境和不正当的业务竞争，可能导致某些内部监督形同虚设
内部审计 体系不完善	◆ 对内部审计的职能定位存在偏差，仅仅把内部审计工作定位为账务服务，导致内部审计的独立性不足，限制了内部审计作用的发挥 ◆ 多数审计工作是事后审计，不能在实际经济活动中及时发现问题，无法为企业经济活动的事前和事中阶段提供有效的帮助，导致内部审计工作开展较为困难
企业的治理结构 存在缺陷	◆ 企业的董事会、监事会和经理层之间没有形成严格的权力制衡关系，存在一人同时兼任多项管理职权的现象，可能导致监督与执行之间不能相互制衡，管理层滥用权利 ◆ 在关键控制环节和重要岗位随意安排亲信，造成企业内控制度的缺失或形同虚设
内部监督权利碎 片化	◆ 内部监督权力过于分散，拥有监督权的各部门之间存在职能冲突，不能形成合力，影响内部监督的实际效果 ◆ 激励约束和利益制衡关系混乱，没有形成一个完善的约束、监督、激励机制，经营者的权利大于责任，没有相应的组织或机构进行监督制约

7.5.3 持续监督

企业将持续监督程序融入企业日常的经营活动中，可以较早识别和纠正控制缺陷，并为管理层提供关于控制有效性的日常信息。持续监督的有效性越高，企业对单独评估的需求程度就越低，持续监督措施主要有以下 5 种。

（1）保持审计的连续性

企业及内审部门要统筹长期审计计划，实现内审监督全过程、全方位、全覆盖。明确监督原则、总体目标，细化各阶段任务，把日常监督和重点监督相结合，特别是对重要的核心业务、关键部门、重点区域每年保持审计工作的持续性。

（2）定期培训内审人员

企业可以定期组织内审业务培训会，就相关法律法规、风险控制、审计信息化等方面内容开展专题培训，提升内审队伍素质。

（3）示范监督，提升内部监督能力和权威

企业可以利用重大项目节点开展示范性监督，依托内部大监督联合监督机制，参与运行部门专项自查、各部门联合检查等监督活动，树立内部监督部门权威。

（4）持续优化监督组织体系

深化规章制度建设，对照国家和所属行业监管机构出台的新政策，及时在企业内部增补建立新办法。认真梳理企业既有制度中的漏洞，征求意见，持续修订完善，对不合时宜的制度统一清理废止。

（5）加强员工的思想教育

加强员工的思想教育主要指的是帮助企业全体员工保持良好的工作状态，端正员工的思想观念，使员工更加重视自己的工作。

第8章
内部控制管理

8.1 内部控制制度框架

8.1.1 内部控制制度框架设计

　　企业内部控制制度可以为各部门提供内部控制的依据，也可以提高管理层及员工对管理职责的认知和接受程度，从而帮企业更好地建立和保持与标准一致的控制系统和程序。一般来讲，企业的内部控制制度框架如图 8-1 所示。

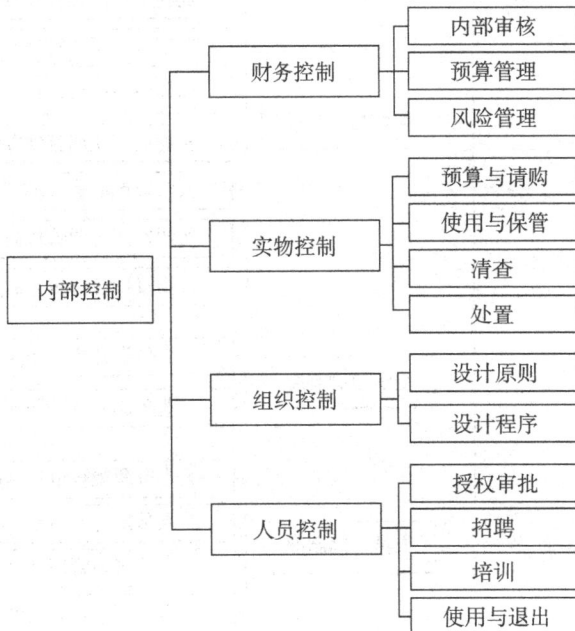

图 8-1　内部控制制度框架

内部控制制度设计要求

8.1.2 内部控制制度图谱

内部控制制度在企业内部控制规范体系中起到统驭作用，是制定具体规范的基本依据。

内部控制是企业管理制度的组成部分，是单位为履行职能、实现总体目标而建立的保障系统，它由财务控制制度、实物控制制度、组织控制制度和人员控制制度等要素组成，如图 8-2 所示。

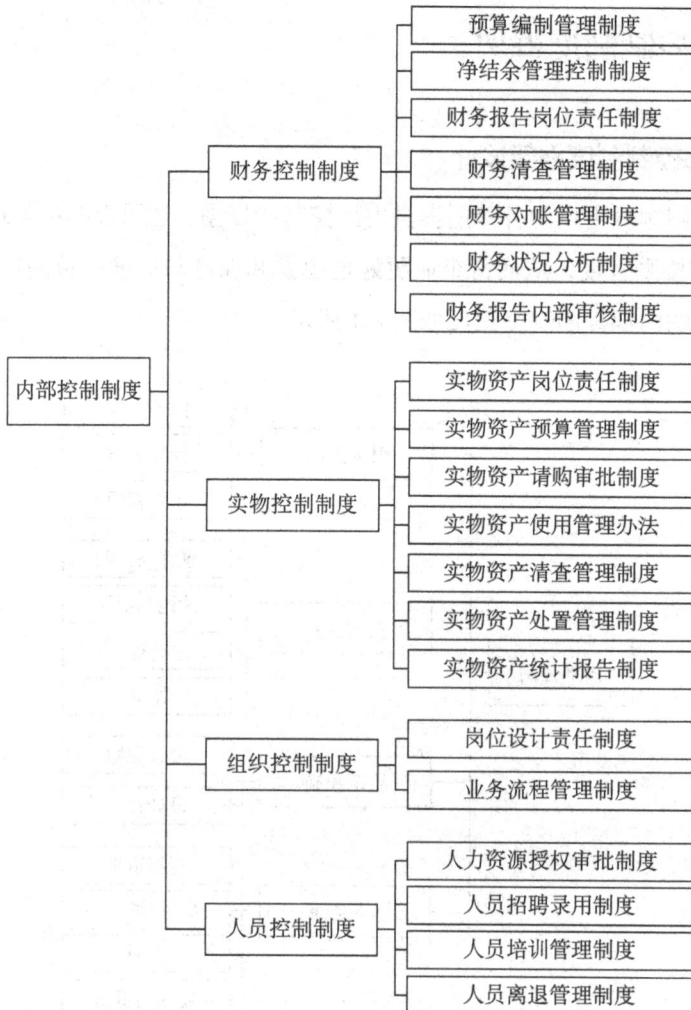

图 8-2 内部控制制度图谱

内部控制制度构成要素

8.2　内部控制制度内容

8.2.1　财务控制制度

为了保证企业会计资料正确可靠，防止会计差错及营私舞弊现象的发生，企业应建立健全财务管理制度。以下是一则财务管理制度，以供参考。

财务控制制度
第 1 章　总则
第 1 条　为了贯彻落实国家政策与法律法规，规范公司财务会计行为，保证财务会计资料真实、完整，同时为了提高财务会计信息质量，建立行之有效的风险控制系统，防止并及时发现和纠正各种欺诈、舞弊行为，确保公司资产的安全和完整，特制定本制度。
第 2 条　本制度适用于企业财务相关法律法规和规章制度的贯彻执行工作。
第 3 条　公司财务副总对公司财务内部控制工作负责，财务部在其带领下执行财务内部控制具体工作，各相关部门需积极配合其工作。
第 4 条　财务内部控制原则主要有以下 6 点。 1. 遵循国家有关法律法规公司的实际情况。 2. 约束公司内部涉及会计工作的所有人员，任何个人都不得拥有超越财务内部控制的权力。 3. 涵盖公司内部涉及会计工作的各项经济业务及相关岗位，并针对业务处理过程中的关键控制点，落实到决策、执行、监督、反馈等各个环节。 4. 保证公司内部涉及财务会计工作的机构、岗位的合理设置及其职责权限的合理划分，坚持不相容职务相互分离，确保不同机构和岗位之间权责分明、相互制约、相互监督。 5. 遵循成本效益原则，以合理的控制成本达到最佳的控制效果。 6. 随外部经济环境的变化、公司业务职能的调整和管理要求的提高，本规定需不断修订和完善。
第 2 章　财务控制的内容与方法管理
第 5 条　财务控制的主要内容包括以下 4 点。 1. 以公司经济活动为对象，规定经济活动必须遵守的方针、政策，以及控制经济活动的方法、措施和程序，以保证经济活动的合法性和有效性。 2. 以会计核算系统为对象，规定会计核算应遵循的原则、方法和程序，以保证会计信息资料的正确性和可靠性，如填制和审核会计凭证制度、复式记账方法、财产定期盘存、会计稽核检查等。 3. 以流动资产、固定资产和其他资产为对象，规定资产购入、验收、保管、维护、领用等部门和环节的职责、权限、手续和程序，以保护资产的安全完整。如材料验收及限额领用控制制度、产成品入库和出库控制制度、资产定期清查制度等。

（续）

4. 以负债和所有者权益为对象，控制公司的资本结构和财务结构。

第6条 财务内控的方法可分为以下几类。

1. 职务分工控制，各项经济业务的处理程序应有合理分工，不相容职务应严格分工。

2. 授权批准控制，具体规定一般授权、特殊授权及授权代理人。

3. 全面预算控制，包括计划职能体现、日常控制标准、事后分析的参照、考核的标准、奖惩的尺度。

4. 财产保全控制，避免未经授权的人员对财产的直接接触、盘点。

5. 业务记录控制，包括对原始记录、凭证传递、会计核算、记录核对等的控制。

6. 人员素质控制，包括职责、培训、考核、奖惩、职务轮换等控制。

7. 风险控制，包括风险意识、财务风险、经营风险、复合风险、其他风险、资源整合风险、各风险的关键控制点等。

8. 内部审计控制。

9. 内部报告控制等。

第7条 公司财务会计工作坚持"四分开原则"，即决策者和执行者、执行者与记录者、记录者与稽核者、稽核者与保管者之间在业务上相互分离。

第8条 授权批准控制要求单位明确规定涉及会计及相关工作的授权批准的范围、权限、程序、责任等内容，公司内部的各级管理层必须在授权范围内行使职权和承担责任，经办人员也必须在授权范围内办理业务。

第9条 会计系统控制要求单位依据《会计法》和《企业会计准则》的会计制度，制定适合本公司的会计制度，明确会计凭证、会计账簿和财务会计报告的处理程序，建立和完善会计档案保管和会计工作交接办法，实行会计人员岗位责任制，充分发挥会计的监督职能。

第10条 预算控制要求单位加强预算编制、执行、分析、考核等环节的管理，明确预算项目，建立预算标准，规范预算的编制、审定、下达和执行程序，及时分析和控制预算差异，采取改进措施，确保预算的执行，预算内资金实行责任人限额审批，限额以上资金实行集体审批。严格控制无预算的资金支出。

第11条 财产保全控制要求单位限制未经授权的人员对财产的直接接触，采取定期盘点、财产记录、账实核对、财产保险等措施，确保各种财产的安全完整。

第12条 风险控制要求单位树立风险意识，针对各个风险控制点，建立有效的风险管理系统，通过风险预警、风险识别、风险评估、风险分析、风险报告等措施，对财务风险和经营风险进行全面防范和控制。

第13条 内部报告控制要求单位建立和完善内部报告制度，全面反映经济活动情况，及时提供业务活动中的重要信息，增强内部管理的时效性和针对性。

第3章 财务内部控制的监督检查

第14条 公司审计部负责财务内部控制执行情况的监督检查，确保财务内部控制的贯彻实施。财务内部控制检查的主要职责如下。

1. 对财务内部控制的执行情况进行全面检查和评价或专项检查和评价。

2. 根据检查情况写出检查报告，对涉及会计工作的各项经济业务、内部机构和岗位在内部控制上存在的缺陷提出改进建议。

3. 对执行财务内部控制成效显著的内部机构和人员提出表彰建议，对违反财务内部控制的内部机构和人员提出处理意见。

4. 总经理办公会议根据审计部的处理意见作出处理决定。

5. 审计负责人对公司财务内部控制检查的情况向董事会负责。

6. 审计委员会一名以上委员提议可对公司财务内部控制进行专项检查。

第15条 公司可以聘请中介机构或相关专业人员对本公司财务内部控制的建立健全及有效实施进价，接受委托的中介机构或相关专业人员应当对委托单位财务内部控制中的重大缺陷提出书面报告。

（续）

第 4 章 财务报告内部审核

第 16 条 计划财务处作为财务报告的编制单位应与单位主管财务的负责人共同做好财务报告的审核工作，以确保上报数据资料真实、完整、准确。

第 17 条 财务报告内部审核的主要内容包括以下 5 点。

1. 审核编制范围是否全面，是否存在漏报和重复编报的现象；

2. 审核编制方法是否符合国家相关规定；

3. 审核编制内容是否真实、完整、准确，是否存在弄虚作假现象；

4. 审核财务报告中，相关会计表报表之间，会计报表各项目之间的钩稽关系是否正确；

5. 财务报告需要审核的其他内容。

第 18 条 单位财务报告的内部审核采取人工审核和计算机审核相结合的方法，具体说明如下所示。

1. 人工审核：对财务报告的政策性和规范性审核。政策性审核主要依据政策规定，对重点指标进行审核；规范性审核主要对报告的真实性、准确性、钩稽关系等方面的审核；

2. 计算机审核：对数据的逻辑性、数据的完整性等内容的审核。

第 19 条 单位财务报告的审核的工作方式包括自行审核、集中审核。

1. 自行审核：将单位的财务报告在上报前，分别呈报相关部门和人员，按照统一规定的审核内容进行审核；

2. 集中审核：将相关部门和人员集中到一起，按照统一的标准和要求，对财务报告进行审核；

3. 单位可根据需要选取自行审核或集中审核方式，但单位的年度财务报告必须财务集中审核的方式进行。

第 20 条 财务报告内部审核人员应对财务报告作出全面、客观的评价，并在达成肯定性意见后，提交单位负责人签字。

第 21 条 财务报告内部审核中，发现报告编制不符合规定，存在漏报、虚报、瞒报、错报以及相关数据不衔接等错误和问题，应及时予以纠正，并限期重报。

第 22 条 财务报告内部审核过程中，审核人员发生以下行为，将视情节予以处分。

1. 无正当理由不参加内部审核工作。

2. 滥用职权、徇私舞弊，授意、指使、强令编制人员进行虚假财务报告的行为。

3. 审核过程中玩忽职守，漏报、虚报、瞒报、错报、以及重大会计差错未得到及时改正或调整的。

4. 违反财务报告审核规定的其他行为。

第 23 条 单位的财务报告须经计划财务处负责人、主管财务负责人、以及单位负责人签字同意后方能上报；并由单位负责人对财务报告的真实、准确性负总责。

第 5 章 附则

第 24 条 本制度由总经办负责编制、解释与修订。

第 25 条 本制度自 ××××年××月××日起生效。

财务计划编制规定

8.2.2 实物控制制度

实物资产是指由企业占有、使用的,并能以货币计量的各种固定资产、物料用品或低值易耗品等实物资产。实物资产控制的目标是保证资产安全完整,避免资产浪费,提高其使用效率。以下是一则实物资产控制制度,以供参考。

实物资产控制制度

第1章 总则

第1条 为了明确实物资产业务岗位的职责、权限,明确公司实物资产授权审批的方式、权限、责任及相关操纵措施,确保办理实物资产业务的不相容岗位相互分离、制约和监督,结合本公司实际情况,特制定本制度。

第2条 本制度适用于实物资产相关管理与执行工作。

第3条 相关人员岗位职责划分如下所示。

1. 公司主管负责人负责对实物资产管理办法及相关制度进行审核,对单位实物资产重大工作事项进行决策。

2. 资产管理处经理负责制定实物资产管理办法及相关制度,并监督检查制度的执行;负责对金额为万元以下的固定资产、低能易耗品等实物资产采购计划的审批;对单位实物资产的统计报告、资产评估、清查核查等工作。

3. 资产管理处主管负责组织做好单位实物资产的日常管理工作;审核办理固定资产及低能易耗品的构建、调拨、转让、报废、报损等工作;对各单位的实物资产管理进行指导和监督;组织做好固定资产的报废、报损的技术鉴定工作,并提出处理意见。

4. 资产管理员负责对本部门在用的固定资产、低值易耗品等实物资产进行登记;办理实物资产入库、领用、内部变动、处置手续;保管实物资产,并参与实物资产的清查、盘点工作;年终做好固定资产、低值易耗品清理,与财务部门和实物资产使用部门对账。

5. 财务经理负责参与单位实物资产的组织管理和监督,指导本部门工作人员做好实物资产付款、账务处理工作。

6. 出纳人员负责根据审核通过采购审批单、验收入库单、采购发票等办理付款手续。

7. 会计人员负责登记实物资产的总分类和明细分类账簿;对规定资产、低能易耗品、库存物资等实物资产进行会计核算;配合资产管理部门做好实物资产的清查工作。

8. 实物资产使用部门负责组织编制本部门实物资产的使用申请或使用计划,向实物资产管理部门提出实物资产的调拨、使用、维修、处置申请;组织做好实物资产的保养、报废、转移、处置等工作的执行。

第2章 预算管理

第4条 实物资产预算编制应由资产管理处会同相关部门审核实物资产存量,提出拟购置资产的品名、规格、数量,测算经费额度,进行充分论证后编制资产购置预算;预算经本单位主管领导审查批准,报上级主管部门审批,编入单位年度预算。

第5条 实物资产预算编制应由资产使用部门、财务部门、资产管理部门的人员共同参加,以减少预算错误发生的可能性。

第6条 对于重大的固定资产投资项目,可组织独立的第三方进行可行性研究与评价,并由单位实行集体决策和审批,防止出现决策失误而造成严重损失。

第7条 对于价值较高实物资产预算项目,应有分别填报详细的文字材料,经单位负责人和同级财政部门审核后,按需要和可能列入单位预算。

第8条 实物资产预算支出编制中,应统筹兼顾,确保重点,在保证单位合理需要的前提下,妥善安排各项预算支出。

（续）

第 9 条　预算审批权限要求按照以下内容进行。

1．实物资产年度预算由计划财务处提出，经单位负责人审阅后，报主管单位审批后执行。

2．未列入实物资产预算，而由必须在本年度内支付的经费，＿＿万元以下的由单位负责人审批，＿＿万元以上的由主管单位审批。

3．调整年度预算，按原预算批准程序审批。

第 10 条　预算审批报告中应有审批单位签字及建议，以有效防止出现因决策失误而给单位带来不必要的经济损失。

第 11 条　实物资产预算一经下达，原则上不予调整，对于在执行中影响预算的有关因素，一般在确定下一年预算时予以考虑。

第 12 条　预算在执行中，因突发事件、政策调整等，对实物资产预算执行影响较大，确需对预算进行调整的，应依照有关程序，经批准后予以调整。

第 13 条　单位各部门应严格按照批准的预算控制实物资产相关支出，并对资金使用效益和财务活动进行分析、评价和监督。

第 14 条　实物资产预算编制实行问责制，在预算编制时出现无正当理由的漏项、错项而影响今后正常工作的，要追究预算编制人员的责任。

第 3 章　实物资产的请购

第 15 条　固定资产请购审批程序如下所示。

1．使用部门提出申请，提交"固定资产请购单"。

2．请购单经使用部门负责人签字确认后提交资产管理处，资产管理处依据请购单对本单位固定资产进行查核。

3．经查核无法调配后，由资产管理处组织单位相关部门进行技术经济论证，论证结束后，经资产管理处负责人签字，上报单位主管领导或同级财政部门审批。

4．经主管领导或同级财政部门审批通过后，由资产管理处统一组织购买。

第 16 条　固定资产请购环节控制内容如下所示。

1．请购单上应详细填写拟固定资产的名称、规格、型号、性能、预算金额，以及购置原因等相关内容。

2．编制预算外，因特殊需要请购的固定资产，应详细说明购置原因及添购效益。

3．一般固定资产采购，应由资产管理处充分了解和掌握供应商情况，采取比制比价的办法确定供应商；对于重大的固定资产采购，应采取招标方式进行。

第 17 条　低值易耗品请购审批程序如下所示。

1．低值易耗品请购由使用部门提交申请，填写"低值易耗品请购单"。

2．请购单经本部门负责人签字后，提交资产管理处审批。

3．资产管理处批准后，到财务部门办理借款手续，分批分期进行购置。

第 18 条　低值易耗品请购环节控制内容如下所示。

1．低值易耗品应严格按照请购单所列的规格、数量、品牌、价格购买，确保货真价实、保证质量。

2．使用部门急需、零星、专用物品，经资产管理处同意后，可由本部门自行购置。

第 4 章　实物资产的使用

第 19 条　实物资产的使用应遵循因公、规范、安全的原则，使用者应按技术性能要求，规范操作使用，确保安全运行。

第 20 条　资产管理处应建立实物资产账和统计台账，坚决杜绝账外资产，对于暂时无法入账的实物资产，应登记造册，建立专项档案、统计台账及统计报表。

第21条 使用者在领用低值易耗品、库存物资时须在台账中进行登记，其中申请部门要求领用公务接待用礼品的，还应报经单位主管负责人同意。当使用者离职时，所用物资应当按规定交回并办理相关手续。

第22条 资产出库时，资产保管员应及时进行记录。

第23条 单位实物资产使用的原始记录、统计台账、报表填写要做到及时、准确、齐全、规范。

第5章 实物资产的保管

第24条 实物资产实施"区别对待、分级保管"，具体规定如下。

1. 固定资产、低值易耗品使用者单一的，其使用者即为保管人。

2. 固定资产、低值易耗品使用者为某一部门的，其部门负责人或指定专人为保管人。

3. 固定资产、低值易耗品使用者为一个部门以上的，资产管理处负责人为保管人。

4. 库存物资由资产管理处指定专人保管。

第25条 资产管理处负责确定资产分类标准和管理，并制定和实施固定资产目录制度。

第26条 建立健全实物资产电子数据库、动态信息平台及管理网络，及时将实物资产变动信息录入电子信息管理系统，对本单位实物资产实行动态管理，提高管理水平。

第27条 保管人应维护实物资产的完好，发现实物资产丢失、报废、毁损、短缺或其他不能正常使用情况，应及时向实物资产管理处汇报，实物资产管理处接到报告后及时作出相应处理。

第28条 对于支付已经核销、实物形态依然存在的办公用品，资产管理处应做好登记、保管、盘查等管理工作。

第29条 当实物资产的保管人员发生变更时，资产管理处应组织和督促相关部门做好资产盘存、交接等工作，并进行保管人变更登记。

第30条 每年末对实物资产进行一次清查，确保实物资产账与财务账一致、实物资产账与设备卡片一致、实物资产账与实物一致，做好账账、账卡、账实相符。

第31条 在实物资产管理过程中，有下列行为之一的，单位有权责令改正，并追究相关部门领导和直接责任人员的责任：

1. 未按规定使用、管理实物资产，造成重大损失的；

2. 隐瞒实物资产真实情况弄虚作假的；

3. 擅自处理实物资产，未办理合法手续的；

4. 以各种名目侵占单位实物资产或利用职权以权谋私的。

第6章 实物资产的清查

第32条 实物资产清查时间要求如下。

1. 单位应定期和不定期地对实物资产进行清查盘点，至少应当于每年年末对单位实物资产进行全面清查一次，以确保账、卡、物相符。

2. 实物资产年度清查于__月__日前完成；年中清查视具体需要确定。

3. 单位有下列情形之一的，应当进行实物资产清查。

（1）国家专项工作要求或者本级政府组织资产清查的。

（2）遭受重大自然灾害等不可抗力造成资产严重损失的。

（3）单位使用实物资产出现重大流失的。

（4）会计政策发生重大更改，涉及资产核算方法发生重要变化的。

（5）应当进行资产清查的其他情形。

第33条 在实物资产清查中，有隐瞒不报，弄虚作假，损害国家利益，给国家财产造成各种损失的，必须严肃查处，触犯刑律的，移交司法机关依法惩处。对违反工作纪律的单位和个人，根据情节轻重程度给予行政纪律处分。

（续）

<table>
<tr><td colspan="2" align="center">第 7 章　实物资产的处置</td></tr>
</table>

第 34 条　符合下列条件之一的实物资产，可申请报废。

1. 已达到规定的使用年限，无法继续使用的。

2. 虽未超过使用年限，但继续使用无法满足保证质量要求，且易发生危险的。

3. 主要结构或部件损毁，维修费用过大不如报废后更新经济的。

4. 因意外事故、自然灾害或不可抗拒原因造成实物严重破坏无法修复或丢失的。

5. 能耗高、效率低、污染严重、经济效益差、无继续利用改造价值的。

6. 国家和有关部门规定淘汰的。

第 35 条　实物资产报废申请程序如下。

1. 由资产使用部门对拟报废实物资产进行清点和检查，经本部门负责人同意后向资产管理处提交报废申请表。

2. 资产管理处接到报废申请后，会同财务部门、各专业管理部门所组成的专家组进行技术鉴定，对不符合报废标准的实物资产予以剔除。

3. 资产管理处对专家组鉴定通过后的报废资产进行清点和审查，查明和分析资产报废的原因和责任，报废申请表经资产管理处审核通过后，报单位主管领导批复。

4. 经批准后，资产管理处对实物资产进行处理，处理后将处理结果书面通知计划财务处。

5. 计划财务处依据报废申请和资产处理结果，进行账务处理。

第 36 条　符合下列条件之一的实物资产，可进行出售。

1. 实物资产未使用或不再继续使用或长期闲置的。

2. 实物资产使用时间长，损耗严重，修理后性能无法达到正常使用标准的。

第 37 条　实物资产出售审批程序如下。

1. 资产管理处对拟出售实物资产进行清点和审查提出售申请，报资产管理处负责人审批。

2. 资产管理处将审批通过后的出售申请及相关材料，以文件形式报本单位主管领导或同级财务部门审批，并对出售资产的名称、规格、型号、数量、已使用时间、现状等内容进行说明。

3. 经本单位主管领导或同级财政部门批复同意后，资产管理处邀请有资质的评估机构进行评估，并将评估价格作为实物资产出售的有效依据。

4. 依法进行实物资产出售，资产管理处对实物资产出售的最终价格进行备案。

5. 计划财务处根据资产出售申请、出售相关票据和收款，做好相应的账务处理。

<table>
<tr><td colspan="2" align="center">第 8 章　附则</td></tr>
</table>

第 38 条　本制度由总经办负责编制、解释与修订。

第 39 条　本制度自 ×××× 年 ×× 月 ×× 日起生效。

8.2.3　组织控制制度

为了明确企业管理层及各部门、各岗位的职责权限和工作程序，确保形成决策、执行和监督相互分离、相互制衡的内控机制。在综合考虑企业性质、发展战略、文化理念和管理要求等因素后，要合理设计组织架构。以下是一则组织控制制度，以供参考。

组织控制制度

第 1 章　总则

第 1 条　目的

为规范公司组织架构设计人员的工作，设计具有防范和化解各种舞弊风险能力的组织架构，明确公司各级人员的职责权限、任职条件、议事规则和工作程序，特制定本制度。

第 2 条　适用范围

本规范适用于公司总部以及各下属子公司的组织控制工作。

第 3 条　组织架构设计总要求

合理设置内部职能机构，明确各机构的职责权限，避免职能交叉、缺失或权责过于集中，形成各司其职、各负其责、相互制约、相互协调的工作机制。

第 4 条　公司各级管理层的职责

1. 董事会对股东大会负责，依法行使公司的经营决策权，可按照股东大会的有关决议，设立战略、审计、提名、薪酬与绩效考核等专门委员会，明确各专门委员会的职责权限、任职资格、议事规则和工作程序，为董事会科学决策提供支持。

2. 监事会对股东大会负责，监督公司董事、经理和其他高级管理人员依法履行职责。

3. 经理层对董事会负责，主持公司的各项生产经营管理工作。

第 2 章　组织架构设计工作规划

第 5 条　组织架构设计的提出

公司一般会于公司创立时，公司经过一段时间高速发展需进行规范管理时，公司经营环境发生较大变化时，公司业务发生重大转型时，并购、重组后提出组织架构设计事宜。

第 6 条　组织架构设计工作事项

通过对公司的各要素进行有效排列、组合，明确各管理层次，增强公司协调性，发挥整体大于部分之和的优势，达到人力资源有效利用的最佳效果，主要包括以下两方面的事项。

1. 组织架构设计，确定公司发展目标与主营业务，分析公司主导业务流程，确定管理层次与管理幅度，划分职能部门及其协作关系。

2. 进行工作分析，设置各部门的岗位，编写岗位说明书。

第 7 条　组织架构设计工作原则

公司组织构架设计工作原则主要包括以下 6 项。

1. 有效性原则。组织构架设计要为组织实现服务目标和较好的管理效果，并且组织结构设计的工作过程要有效率。

2. 分工与协作原则。适度分工与恰当协作是实现组织目标的必然要求，在部门划分和岗位设置上要体现分工的要求和协作的需要。

3. 权、责、利对等原则。保证部门或岗位权利与承担责任向对等，提高工作效率，降低成本，激励员工发挥和提高自己的才能。

4. 协调原则。组织构架设计是一个有机整体，保证组织内各部门之间的有机联系及相互协调配合。

5. 弹性结构原则。公司各部门、人员的职责和职位都应适应环境的变化而作相应的变动，它要求各部门和职位都具有弹性。

6. 合理管理幅度原则。每一个部门、每一位管理者都要有合理的管理幅度，避免下级过多，横向兼职、纵向兼职、交叉兼职。

第 8 条　影响组织架构设计的因素

在组织构架设计的过程中，必须考虑到各种因素的影响，综合考虑这些因素才能产生良好的绩效。

1. 战略因素，战略是关于公司长远目标、发展方向、资源配置的设想与筹划，组织构架必须服从公司所选择的战略需要。

（续）

2. 环境因素，任何公司都是在一定的环境之中生存和发展的，组织构建必须响应环境变化，才能和环境的动态匹配，在环境中生存下来。

3. 技术因素，技术是指将输入转化为输出的知识、工具、技能和活动。技术不仅影响公司活动的效果和效率，而且影响组织构架的设定。

4. 规模因素，随着公司的逐步壮大，公司规模不同，与之相适应的组织构架也应做出调整。

第9条　组织架构设计的权限

1. 公司整体组织架构应根据公司整体战略和市场状况设计，经公司总经理审批后实施。

2. 公司管理层组织架构的设立，应由公司人力资源部根据公司实际运营状况和组织架构设计原则，研究后提出报公司主管副总审定，总经理批准后实施。

3. 公司下属分支机构组织结构的设立，应经分支机构负责人批准后，上报公司人力资源部核定，经主管副总审定、总经理批准后实施。

第3章　组织架构设计程序

第10条　核算事务工作总量和分量

组织架构设计人员应对公司为达成所确立的目标所要完成的事务工作做一个全面的清理和核算，从总量和分量上进行计量，并详细列出。

第11条　界定公司员工相互之间的事务工作关系

1. 界定公司员工相互之间的事务工作关系即是选择组织架构的基础模式。

2. 组织架构设计人员应根据公司的规模、公司内部主要事务工作的性质等客观实际，分析、界定公司员工相互之间的事务工作关系，以便实现最大限度地保证公司运行的效率。

第12条　设置单位、部门和岗位

组织架构设计人员根据不同事务工作之间的性质，及其不同事务工作量的大小，确定具体承担的单位、部门和岗位。

第13条　界定单位、部门和岗位的工作标准。

组织架构设计人员在对公司内部的单位、部门和岗位相互之间的关系进行界定的基础上，明确界定其各自的工作标准，使相应的单位、部门和岗位角色，明确自己的工作职责、标准要求和履职条件，以保证在公司整体目标要求的时间、质量、数量标准的范围之内，完成这相应的工作。

1. 股东大会。

（1）股东大会由全体股东组成，是公司的权力机构。按照公司章程的有关规定履行其相关权限。

（2）股东大会会议分为年度股东大会和临时股东大会两种。

2. 董事会。

（1）董事会对股东大会负责，按公司章程有关规定行使公司的经营决策权。

（2）董事会一般由9名董事组成，设董事长1名。

（3）公司董事长、董事的产生和任期按公司章程规定。

（4）董事会会议由董事长召集和主持。董事长不能履行职务或者不履行职务的，由半数以上董事共同推举一名董事履行职务。

（5）董事会的议事方式和表决程序，按《公司章程》和《董事会议事规则》规定进行。

3. 监事会。

（1）监事会由5名监事组成，包括2名职工代表。监事会应当包括股东代表和适当比例的公司职工代表，其中职工代表的比例不低于1/3。监事会中的职工代表由公司职工通过职工代表大会、职工大会或者其他形式民主选举产生。

（2）监事会设主席1人。监事会主席由全体监事过半数选举产生。监事会主席召集和主持监事会会议；监事会主席不能履行职务或者不履行职务的，由半数以上监事共同推举一名监事召集和主持监事会会议。

（3）董事、高级管理人员不得兼任监事。

（4）监事可以列席董事会会议，并对董事会决议事项提出质询或者建议。

（5）监事会每6个月至少召开一次会议。监事可以提议召开临时监事会会议。

4．经理层。

（1）公司设总经理1名，副总经理不超过3名，财务总监1名。

（2）总经理由董事会决定聘任或者解聘。副总经理、财务总监由总经理提请董事会聘任或者解聘。

（3）总经理对董事会负责，按公司章程有关规定行使职权。

（4）总经理列席董事会会议。

5．董事会下设机构。

（1）董事会下设各个机构的主要职责如下所示。

（2）董事会秘书。主要负责公司股东大会和董事会会议的筹备、文件保管以及公司股东资料的管理，办理信息披露事务等事宜。

（3）战略发展委员会。主要负责对公司长期发展战略和重大投资决策进行研究并提出建议。

（4）审计委员会。主要负责公司内、外部审计的沟通、监督和核查工作。

（5）薪酬与考核委员会。主要负责制定公司董事及经理人员的考核标准并进行考核；负责制定、审查公司董事及经理人员的薪酬政策与方案。

第4章　组织架构调整的规划

第14条　组织构架调整原则

1．适应公司中长期发展战略调整，紧密结合公司发展战略，有针对性地解决目前管理工作中存在的突出问题和薄弱环节。

2．坚持责、权、利的一致原则。

3．适合公司的特点，精简高效，简便易行，尽量避免调整的负面影响。

4．构架调整的步骤服从人力资源的状况，保证业务不断不乱、稳中有升。

第15条　识别组织构架调整的时机

公司各部门及时反馈组织结构运行过程中的信息，如遇以下情况，则需要进行组织构架调整。

1．公司内外部环境、公司战略发生变化，新的战略必须有相应的组织机构作为支持和保证。

2．公司组织规模扩大，管理体制面临领导危机、自主危机、控制危机，促使组织构架不断发生变化。

3．技术的复杂性、生产能力提高，管理幅度和集权分权等组织管理因素将面临新的变化和新的要求。

4．员工的价值观、态度、期望、能力等都会对组织构架提出新的要求。

第16条　组织架构调整依据

各部门、各员工的内部考核结果；公司经营目标和生产经营变化情况；组织架构设计中存在职能交叉、缺失情况。

第17条　组织构架调整的主要任务

根据公司组织架构调整的目标、管理定位和主要管理职能，以及目前公司组织管理上突出问题和薄弱环节，调整公司组织架构主要有以下任务。

1．促进公司决策体系的科学化、民主化和规范化。

2．加强公司的科学管理、集中协调、系统控制和风险防范。

3．有利于公司发展战略的实施和资源整合与合理配置。

第5章　组织架构调整程序

第18条　公司级组织架构调整程序

1．公司董事会提出组织架构调整意见。

（续）

2. 人力资源部按照董事会所提出的调整意见，拟定公司组织架构调整方案，并明确相关的职责变动、工作分工和人员配置。

3. 公司级组织架构调整方案上报董事长审批。

4. 对公司级组织架构调整中涉及人事调整问题，参照公司的人事调整相关规定执行人事调整。

5. 经批准的新组织架构以及相关人事调整在公司内颁布实施。

第 19 条　各主管副总所辖职能模块级组织架构调整程序

1. 各主管副总提出调整意见。

2. 人力资源部按主管副总所提出的调整意见，整理汇总出调整方案，并明确相关的职责变动、工作分工和人员配置。

3. 调整方案上报总经理审批。

4. 对公司级组织架构调整中涉及人事调整问题，参照公司的人事调整相关规定执行人事调整。

5. 经批准的新组织架构以及相关人事调整在公司内颁布实施。

第 20 条　部门级组织结构调整程序

1. 各部门负责人提出调整意见。

2. 各部门内部安排人员，整理汇总出调整方案，并明确相关的职责变动 / 工作分工 / 人员配置。

3. 调整方案上报人力资源部审核、主管副总审批。对调整过程中涉及的管理人员、技术人员增加及主管级以上人事变动的调整须报总经理审批。

4. 对调整方案中涉及的人事调整问题，参照公司的人事调整相关规定。但是，对于属于部门内部除升职外的人事变动的，请填写"部门内部人事变动审批表"。

第 21 条　验证与反馈

组织构架调整完成后，公司将运行新的组织结构，人力资源部及相关部门做好运行记录、及时反馈，采取相应的处理方式，进行工作总结。

第 6 章　附则

第 22 条　编制单位

本制度由董事会负责编制、解释与修订。

第 23 条　生效时间

本制度自 ×××× 年 ×× 月 ×× 日起生效。

8.2.4　人员控制制度

人员控制是企业内部控制的一部分，做好人员内部控制可以使员工更自觉地完成工作。人员控制可以使员工了解企业行为标准、明确岗位职责，也可以避免贪污舞弊行为的发生。以下是一则人员控制制度，以供参考。

人员控制制度

第1章　总则

第1条　为了促进企业加强人力资源建设，充分发挥人力资源对实现企业发展战略的重要作用，根据有关法律法规和《企业内部控制基本规范》，制定本制度。

第2条　本制度适用于公司各工作事项人员控制的管理工作。

第3条　本制度所称人员是指企业组织生产经营活动而任用的各种人员，包括董事、监事、高级管理人员和全体员工。

第2章　授权审批管理

第4条　招聘工作授权审批内容如下。

1. 单位工作人员招聘录用计划需由人事处编制完成，交单位领导审核后，报组织人事部门予以审批，审批通过后方可执行。

2. 招聘可通过主管部门、单位人事处或委托第三方机构发布招考公告，组织招聘录用相关工作。

3. 招聘经费需经人事处负责提出经费预算建议，经计划财务处审核，报单位主管领导或同级财政部门审批后下达经费预算；计划财务处根据批准的招聘费用预算，负责拨款、清算、核算等工作。

第5条　培训工作授权审批内容如下。

1. 单位工作人员培训计划由人事处依据用部门提交的培训需求情况组织编制，报单位主管领导或组织、人事部门审批；审批通过后方能组织实施。

2. 工作人员培训内容不同，其组织实施部门也有所差异。

3. 单位培训费用需进行预算管理，由人事处负责提出经费预算建议，经计划财务处审核，报单位主管领导或同级财政部门审批后下达经费预算；计划财务处根据批准的培训经费预算，负责经费的拨款、清算、核算等工作。

第6条　离退休工作授权审批内容如下。

1. 单位离退休人员管理与服务工作的计划、离退休人员的资料、信息和各项统计等相关工作由人事处（离退休办公室）负责。

2. 工作人员因特殊情况要求提前退休，需提交书面申请，经部门出具意见后，报人事处（离退休办公室）核实，并经党组讨论同意后，方可办理相关手续。

第3章　招聘管理

第7条　公司招聘管理主要事项如下。

1. 单位非公务员招聘工作应由本单位相关负责人、纪检（监察）和组织人事部门相关负责人及聘请专家参加的招聘工作班子，具体负责招聘的实施工作。

2. 招聘信息需在人事部门指定的网络或其他媒体上进行集中发布，具体包括单位（岗位）情况简介、招聘人数及待遇、应聘人员的报名资格和应聘条件、招聘的方式方法、考试、考核的时间和内容及其他需要说明的事项。

3. 招聘可采用外部招聘、内部选拔或委托第三方招聘等方式对关键岗位和紧缺人才进行选拔。

4. 招聘工作一般按照资格审查、专业知识和综合素质测评、面试与答辩、专家组评审等程序进行。

5. 经考试、考核和体检合格的应聘人员，按从高分到低分择优录用的原则，集体讨论确定拟录用人员名单；其中应特别关注招聘对象的职业道德。

6. 以下人员招聘录用，可按规定免试聘用。

（1）国家政策性安置人员。

（2）按干部人事管理权限由上级任命的领导班子成员。

（3）涉密岗位需选聘的人员。

（4）具有高级专业技术职务人员。

（5）经主管部门同意引进的稀缺专业人才。

（续）

第 8 条　单位招聘录用工作应做到信息公开、过程公开、结果公开，接受社会及有关部门的广泛监督。要认真受理群众的检举、申诉和控告，并按管理权限及时处理。

第 9 条　单位招聘经费实行预算管理，由人事处负责提出经费预算建议，经计划财务处审核，报单位主管领导或财政部门审批后下达经费预算。

第 10 条　经费预算下达后，一般不予调整，特殊情况，经人事处、计划财务处审核，报单位主管领导或财政部门审批后，予以调整。

第 11 条　审计部门要加强对招聘费用的审计监督，发现违反经费使用规定的，要予以纠正，情节严重的要提请有关部门追究单位主管领导和相关部门的责任。

第 12 条　严格招聘工作纪律，招聘人员发生下列违反规定情形的，应严肃处理，构成犯罪的，依法追究刑事责任。

1．故意泄露招聘考试、面试相关题目的。

2．在招聘过程中，参与应聘人员作弊的。

3．违反规定私自聘用工作人员的。

4．违反回避管理规定的。

5．其他违反招聘录用规定情形的。

第 13 条　违反本制度招聘临时人员的，按以下规定处理。

1．私自招聘临时人员，责令限期改正，招聘的临时人员一律予以清退。

2．利用招聘临时人员之机谋取私利的，要从严查处，构成犯罪的，移交司法机关追究刑事责任。

第 4 章　培训管理

第 14 条　培训主要包括岗前培训、在岗培训和离岗培训，其主要要求如下。

1．岗前培训。

（1）单位新录用工作人员，原则上必须进行岗前培训，具体的培训内容包括：思政政治理论、日常行为规范、岗位职责和要求、必备基本知识和技能等；

（2）岗前培训时间应不少于__天。

2．在岗培训。

（1）在岗培训是以更新工作人员知识、提高工作人员能力和业务水平为目的的培训；

（2）在岗培训包括业务培训、晋升培训、职业资格培训、业务自学等，培训的具体内容和时间安排视培训需求状况展开。

3．离岗培训。

可依据培训需求和工作安排，安排部分工作人员离开实际工作岗位去高等院校、党校学习所需专业知识和技能；离岗培训期间应做好相关工作安排。

第 15 条　培训实施中，具体可通过专题讲座、学习学位教育、网络教育、远程教育、国内外考察、自学等方式展开。

第 16 条　用人部门每年末提交下一年培训需求，报人事处汇总；由人事处编制下一年培训计划，报单位主管领导或组织、人事部门审批；审批通过后，由人事处与相关部门共同组织实施。

第 17 条　考核结束后，培训单位（或部门）可根据实际情况确定考核的具体项目和分值，对培训实施效果进行考核；单位建立工作人员培训档案，完整记录工作人员参加的培训项目、考核　成绩等内容，以强化培训质量。

第 18 条　培训经费使用原则如下。

1．单位培训经费实行预算管理，由单位人事处负责提出经费预算建议，经计划财务处审核，报单位主管领导或财政部门审批后下达经费预算。

（续）

2．单位计划财务处根据批准的培训经费预算，负责经费的拨款、清算、核算，对经费使用负责保证和监督。

3．单位计划财务处、人事处应定期检查培训经费的使用情况，严禁挪用挤占、乱支乱用。

第19条　培训经费由人事处按下列范围掌握列支：列入培训计划的各种培训班费用、装备教学场所需要的装置费、开展教学需要的购置费、培训办班需要的津贴和考务费、教学设备维修费、教材编写与课件开发费、其他相关培训费用。

第20条　培训经费预算下达后，一般不予调整，特殊情况，经人事处、计划财务处审核，报单位主管领导或财政部门批准后，予以调整。

第21条　建立经费台账，及时登记培训费用使用明细。

第22条　审计处要加强对培训经费的审计监督，发现违反经费使用规定的，要予以纠正，情节严重的要提请有关部门追究单位主管领导和有关部门的责任。

第5章　使用与退出管理

第23条　企业应当建立和完善人力资源的激励约束机制，设置科学的业绩考核指标体系，对各级管理人员和全体员工进行严格考核与评价，以此作为确定员工薪酬、晋升、降级、辞退等的重要依据，确保员工队伍处于持续优化状态。

第24条　企业应当制定与业绩考核挂钩的薪酬制度，切实做到薪酬安排与员工贡献相协调，体现效率优先，兼顾公平。

第25条　企业应当按照有关法律法规规定，结合企业实际，建立健全员工退出（辞职、辞退、退休等）机制，明确退出的条件和程序，确保员工退出机制得到有效实施。

1．企业应当对考核不能胜任岗位要求的员工，及时暂停其工作，安排再培训或转岗培训；仍不能满足岗位职责要求的，应当按照规定的权限和程序予以辞退。

2．企业应当与退出员工约定保守商业秘密和禁止在同业就业的期限，以确保企业知识产权和商业秘密的安全。企业关键岗位人员离职，应当根据有关法律法规的规定进行离任审计。

第26条　企业应当定期对年度人力资源计划执行情况进行评估，总结人力资源管理经验，分析存在的主要缺陷和不足，完善人力资源政策，促进企业整体团队充满生机和活力。

第6章　附则

第27条　本制度由总经办负责编制、解释与修订。

第28条　本制度自××××年××月××日起生效。

第9章
业务内部控制

9.1 货币资金业务循环控制

9.1.1 货币资金业务风险点

货币资金业务内部控制是企业内部控制和管理的关键,对货币资金管理的好坏直接影响资金的安全和使用效率。了解货币资金业务的主要风险点,可以帮助企业实现资金供求动态平衡、提高资金使用效率、确保资金安全的资金营运内部控制目标。货币资金业务的主要风险点如表9-1所示。

表9-1 货币资金业务风险点

主要风险点	具体说明
不相容岗位未分离	业务部门未实现不相容岗位相互分离,如资金支付和账务处理由同一人承担,或由一人保管收付款项所需的全部印章,都可能带来货币资金被贪污挪用的风险
资金支付审批权限不合理或执行不合规	货币资金业务未经规范审批或超越授权审批,很可能使公司因重大差错、舞弊、欺诈而导致损失
钱账未分管,盘点不合规	未建立定期、不定期抽查核对库存现金和银行存款余额的制度,可能导致货币资金被贪污挪用的风险
货币资金收支不真实、不完整	收入不入账、坐支现金、虚列开支事项、虚构支出金额等货币资金收支环节上的不合规行为会导致货币资金收支失真、不完整,容易滋生资金被贪污、挪用等违法行为,使企业遭受经济损失
账务处理有漏洞	货币资金的凭证和账簿是反映企业资金流入流出的信息源。如果账务处理依据不合规、账簿记录登记不完整或不准确,都会导致整个会计信息处理结果失真,账证、账账、账表、账实存差异,生成的报表结果无法真实反映资金信息
未按规定管理银行账户	出租、出借账户,可能导致单位违法违规或者利益受损的风险

113

资金活动内部控制目标

9.1.2 货币资金业务控制流程图

货币资金业务的控制主要是对支付业务的控制，企业应当明确资金支付要求，制定支付流程进行内部控制。货币资金业务控制流程如图 9-1 所示。

（1）货币资金业务控制流程

部门名称	财务部		流程名称	货币资金业务控制流程
单位	总经理	财务经理	出纳人员	相关业务人员
节点	A	B	C	D

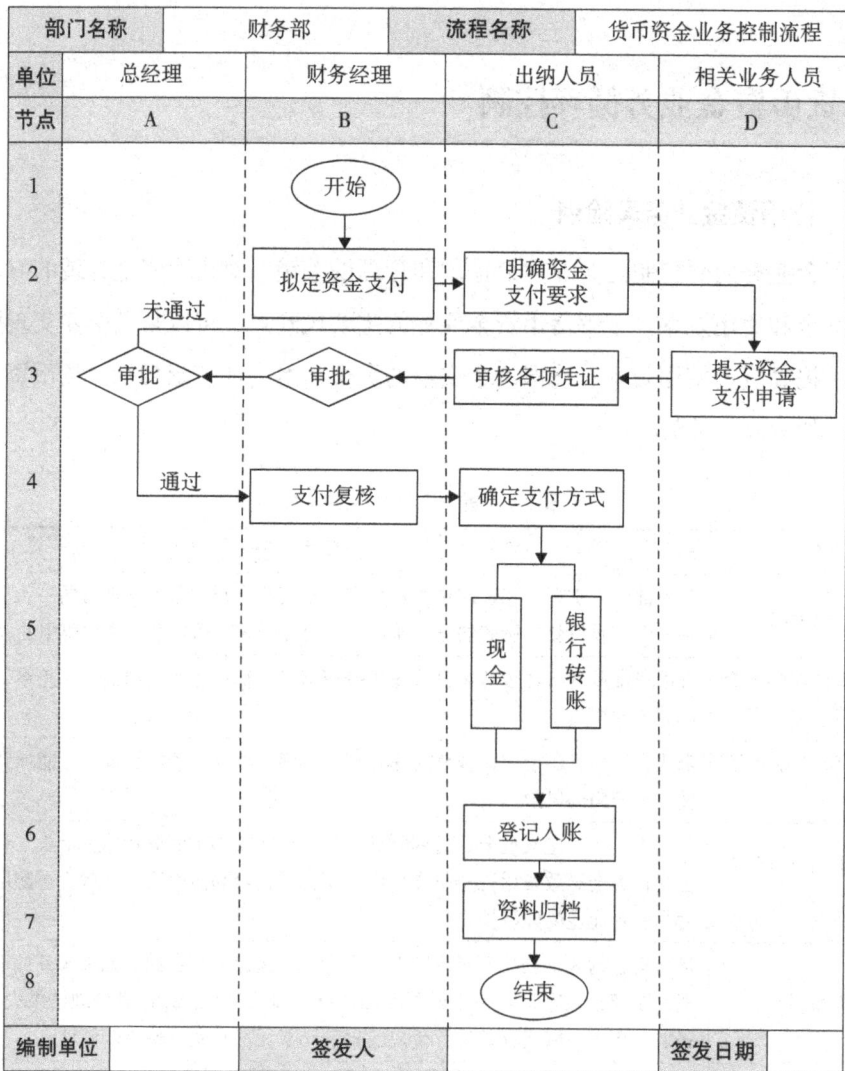

编制单位		签发人		签发日期	

图 9-1 货币资金业务控制流程

（2）执行关键点

货币资金业务控制流程执行关键点如表 9-2 所示。

表 9-2　货币资金业务控制流程执行关键点

关键点	细化执行
B2	企业财务部要根据国家法律、法规并结合自身情况，拟定《资金支付业务管理制度》 财务部根据《资金支付业务管理制度》的相关规定，进一步提出资金支付的相关要求
D3	企业有关部门或个人用款时，应当提前向审批人提交货币资金支付申请，注明款项的用途、金额、预算、支付方式等内容，并附有效经济合同或相关证明
B3	财务部经理根据其自身审批权限审批相应的额度，审批额度超出自身审批权限的，需要由总经理审批
A3	◆ 审批人根据其职责、权限和相应程序对支付申请进行审批，审核付款业务的真实性、付款金额的准确性，以及申请人提交票据或者证明的合法性，严格监督资金支付。对不符合规定的货币资金支付申请，总经理应当拒绝批准 ◆ 对于重要货币资金支付业务，应当实行集体决策和审批，并建立责任追究制度，防范贪污、侵占、挪用货币资金等行为
B4	财务经理收到经总经理审批签字的相关凭证或证明后，应再次复核业务的真实性、金额的准确性，以及相关票据的齐备性，相关手续的合法性和完整性，并签字认可。复核无误后，交由出纳人员办理支付手续
C6	出纳人员应当根据复核无误的支付申请，按规定办理货币资金支付手续，及时登记库存现金日记账和银行存款日记账

9.1.3　货币资金业务关键控制点

企业在进行货币资金管理、实施货币资金内部控制过程中，为减少或避免风险的发生，应对以下 6 个关键点进行控制。

（1）不相容岗位分离关键控制点

不得由一人办理货币资金业务全过程；出纳不得监管稽核、会计档案保管和收入、支出、债权、债务账目的登记工作；严禁一人保管收付款项所需的全部印章，要严格履行签字及盖章手续，确保不相容岗位相互分离。

（2）授权审批关键控制点

职责分工、权限范围和授权审批程序应当明确规范，机构设置和人员配备应当科学合理，审批人应当根据货币资金授权批准制度的规定，在授权范围内进行审批，不得超越权限审批。

（3）货币资金核查关键控制点

由不办理货币资金业务的会计人员定期和不定期抽查盘点库存现金，核对银行存款余额，抽查银行对账单、银行日记账及银行存款余额调节表，核对是否账实相符、账账相符。

（4）货币资金收支关键控制点

企业的各项支出都必须履行严格的审批手续。所有货币资金支出都应以真实的业务事项为基础。现金支出应严格遵守国家现金管理制度的规定，明确现金开支范围，除现金外的所有支出都应转账支付。

（5）账务处理环节关键控制点

资金的会计记录应当真实、准确、完整和及时。

（6）银行账户管理关键控制点

现金、银行存款的管理应当合法合规，银行账户的开立、审批、使用、核对、清理严格有效，现金盘点和银行对账单的核对应当严格按规定执行，禁止出租、出借银行账户。

9.2 采购与付款业务循环控制

9.2.1 采购与付款业务风险点

采购付款是企业现金流出的重要环节，已成为企业加强风险控制需要高度关注的业务领域，了解采购与付款业务的主要风险点对企业内部风险控制具有十分重要的作用，采购与付款业务的主要风险点如表9-3所示。

表9-3 采购与付款业务风险点

主要风险点	具体说明
需求计划或采购计划不合理	采购计划安排不合理，市场变化趋势预测不准确，造成库存短缺或积压，可能导致公司生产停滞或资源浪费
请购审批权限不合理	缺乏采购申请制度，请购未经适当审批或超越授权审批，可能导致采购物资过量或不足，影响企业正常生产经营
供应商管理不当	◆ 缺乏完善的供应商管理办法，对供应商考核不规范、不及时、不准确，导致供应商选择不合理，影响公司利润 ◆ 选择不合理的采购方式，可能导致采购物资质次价高，甚至出现舞弊或遭受欺诈
采购定价环节不合理	采购定价机制不科学，采购方式选择不当，缺乏对重要物资品种价格的跟踪监控，导致采购价格不合理，可能造成公司资金损失
订立框架协议或采购合同环节处理不当	◆ 框架协议签订不当，可能导致物资采购不顺畅 ◆ 合同对方主体资格、履约能力等未达要求、合同内容存在重大疏漏和欺诈，可能导致公司合法权益受到侵害
采购过程管理缺乏跟踪、监管	缺乏对采购合同履行情况的有效跟踪，运输方式选择不合理，忽视运输过程保险风险，可能导致采购物资损失或无法保证供应
验收环节不规范	验收标准不明确、验收程序不规范、对验收中存在的异常情况不做处理，可能造成账实不符，采购物资损失
付款环节把控不当	付款审核不严格，付款方式不恰当，付款金额控制不严，可能导致公司资金损失或信用受损

采购业务内部控制目标

9.2.2 采购与付款业务控制流程图

企业通过规范采购与付款业务流程，可以确保采购业务按规定程序和适当授权流程进行，保证采购与付款业务及相关会计账目的核算真实、完整、规范，避免差错和舞弊。采购与付款业务控制流程如图 9-2 所示。

（1）采购与付款业务控制流程图

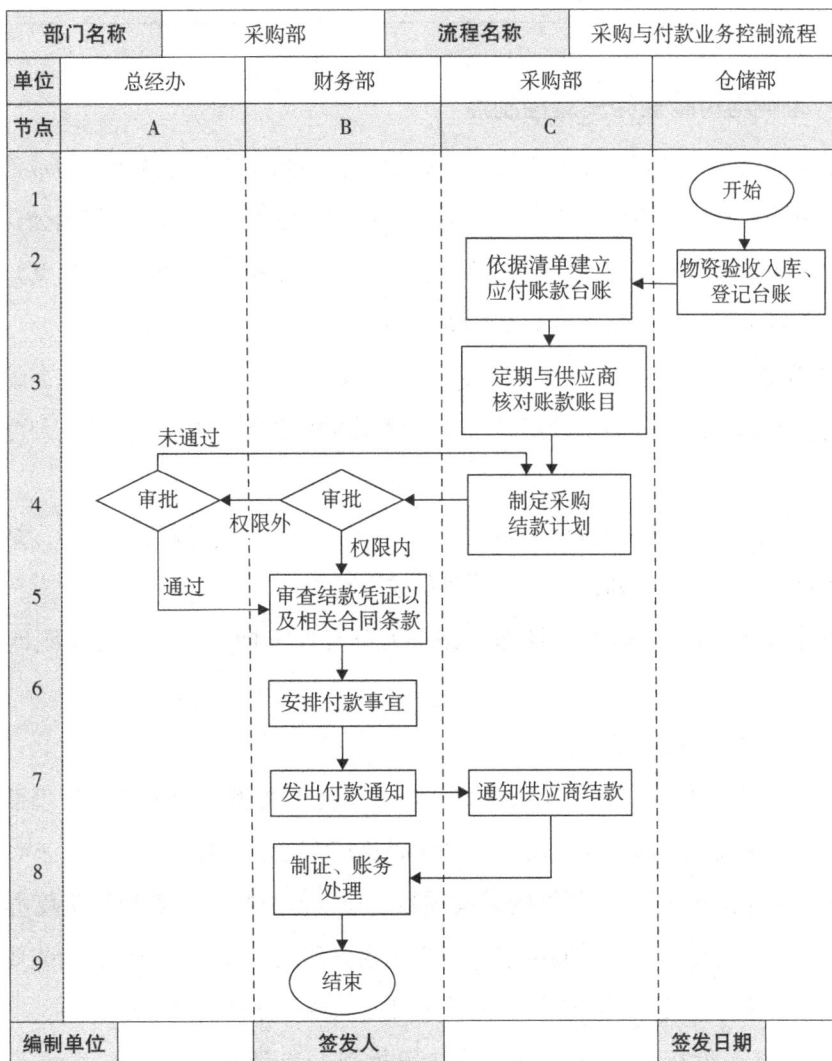

图 9-2 采购与付款业务控制流程

（2）执行关键点

采购与付款业务控制执行关键点如表9-4所示。

表9-4　采购与付款业务控制执行关键点

关键点	细化执行
C3	◆ 采购部定期汇总采购合同及采购订单，办理付款业务 ◆ 采购部对采购合同约定的付款条件以及采购发票、结算凭证、检验报告、计量报告和验收证明等相关凭证的真实性、完整性、合法性及合规性进行严格审核，并核对合同执行情况，汇总应付账款项
B5	◆ 财务部应检查付款审批程序是否符合规定、有无越权 ◆ 财务部应检查请款条件是否符合支付要求和合同的条款 ◆ 财务部应检查付款手续是否规范、凭证是否齐全、是否按国家与公司规定进行账务处理 ◆ 财务部人员在依据采购合同相关协议、发票等对付款申请进行复核后，提交总经理或相关权限人根据权限进行审批，办理付款

9.2.3　采购与付款业务关键控制点

采购是企业运营、销售产品的前提，是企业的实物流、资金流的重要组成部分。如果采购付款的风险没有得到有效的控制，可能造成多付、错付、少付，不仅给公司带来直接经济损失，而且间接影响公司供应链的稳定性。采购与付款业务的关键控制点如下。

（1）编制需求计划和采购计划环节关键控制点

① 相关业务部门应当根据实际需求，准确、及时编制需求计划。部门在编制需求计划时，应将业务部门提交的需求计划与市场趋势预测相结合，制订正确的、科学的、合理的需求计划。

② 采购计划编制人员在制订采购计划时，应当根据发展目标实际需要，结合库存和在途情况，科学安排采购计划，防止采购过量或不足。

③ 采购计划应纳入采购预算管理，经相关负责人审批后，作为公司刚性要求严格执行。

（2）采购审批环节关键控制点

① 建立采购申请制度，依据购买物资或接受劳务的类型，确定归口管理部门，授予相应的请购权，明确相关部门或人员的职责权限及相应的请购程序。

② 具有请购权的部门对于预算内采购项目，应当严格按照预算执行进度办理请购手续，并根据市场变化提出合理采购申请。对于超预算和预算外采购项目，应先履行预算调整程序，由具备相应审批权限的部门或人员审批后，再行办理请购手续。

③ 具备相应审批权限的部门或人员在审批采购申请时，应重点关注采购申请内

容是否准确、完整，是否符合生产经营需要，是否符合采购计划，是否在采购预算范围内等。

（3）供应商选择环节关键控制点

① 建立科学的供应商评估和准入制度，对供应商资质信誉情况的真实性和合法性进行审查，以确定合格的供应商清单，有助于企业健全统一的供应商网络。企业对新增供应商的市场准入、供应商新增服务关系以及调整供应商物资目录，都要由采购部门根据需要提出申请，并按规定的权限和程序审核批准后，纳入供应商网络。

② 建立完善的供应商管理信息系统和供应商淘汰制度。对供应商提供物资或劳务的质量、价格、交货及时性、供货条件及其资信、经营状况等进行实时管理和考核评价，根据考核评价结果，更新供应商名单，经审批后对供应商进行合理选择和调整，并在供应商管理系统中作出相应记录。

③ 对独家代理、专有、专利等特殊产品应提供相应的独家、专有资料的供应商，经专业技术部门研讨后，由具备相应审批权限的部门或人员审批。

（4）采购价格制定环节关键控制点

① 健全采购定价机制，采取协议采购、招标采购、询比价采购、动态竞价采购等多种方式，科学合理地确定采购价格。对标准化程度高、需求计划性强、价格相对稳定的物资，通过招标、联合谈判等公开竞争方式签订框架协议。

② 采购部门应当定期对大宗通用重要物资的成本构成与市场价格变动趋势进行跟踪，确定重要物资品种的采购执行价格或参考价格。建立采购价格数据库，定期开展重要物资的市场供求形势及价格走势商情分析，并加以合理利用。

（5）订立框架协议或采购合同环节的关键控制点

① 对拟签订框架协议的供应商的主体资格、信用状况等进行风险评估；框架协议的签订应引入竞争制度，确保供应商具备履约能力。

② 根据确定的供应商、采购方式、采购价格等情况，拟订采购合同，准确描述合同条款，明确双方权利、义务和违约责任，按照规定权限签署采购合同。

③ 对于影响重大、涉及较高专业技术或法律关系复杂的合同，应当组织法律、技术、财会等专业人员参与谈判，必要时可聘请外部专家参与相关工作。

（6）过程管理关键控制点

① 依据采购合同中确定的主要条款跟踪合同履行情况，对有可能影响生产或工程进度的异常情况，应出具书面报告并及时提出解决方案，采取必要措施，保证需求物资的及时供应。

② 根据企业业务需求和采购物资特性，选择合理的运输工具和运输方式来办理运输、

投保等事宜。

③实行全过程的采购登记制度或信息化管理，确保采购过程的可追溯性。

（7）验收环节关键控制点

①制定明确的采购验收标准，结合物资特性确定必检物资目录，规定此类物资出具质量检验报告后方可入库。

②验收机构或人员应当根据采购合同及质量检验部门出具的质量检验证明，重点关注采购合同、发票等原始单据与采购物资的数量、质量、规格型号等是否一致。验收时涉及技术性强的、大宗的和新、特物资，还应进行专业测试，必要时可委托具有检验资质的机构或聘请外部专家协助验收。

③对于验收过程中发现的异常情况，验收机构或人员应当立即向公司有权管理的相关机构报告，相关机构应当查明原因并及时处理。

（8）付款环节关键控制点

企业应当加强对采购付款的管理，完善付款流程，明确付款审核人的责任和权力，严格审核采购预算、合同、相关单据凭证、审批程序等相关内容，经审核无误后按照合同规定，合理选择付款方式，并及时办理付款。

9.3 销售与收款业务循环控制

9.3.1 销售与收款业务风险点

销售业务包括实物流和资金流两条主线，也是企业经营活动中比较容易出现徇私舞弊的环节，所以其业务风险也相对较大。具体如表9-5所示。

表9-5 销售与收款业务风险点

主要风险点	具体说明
销售政策或策略不当	◆ 销售计划缺或不合理，或未经授权审批，导致产品结构和生产安排不合理，难以实现公司生产经营的良性循环 ◆ 市场预测不准确，销售渠道管理不当等，可能导致销售不畅、库存积压
销售价格策略不合理	◆ 定价或调价不符合价格政策，未能结合市场供需状况、盈利测算等进行适时调整，造成价格过高或过低、销售受影响 ◆ 商品销售价格未经审批，或存在舞弊，可能损害企业经济利益或者企业形象
客户信用管理不到位	◆ 现有客户管理不足、潜在市场需求开发不够，可能导致客户丢失或市场拓展不力 ◆ 客户档案不健全，缺乏合理的资信评估，可能导致客户选择不当，销售款项不能收回或遭受欺诈，从而影响公司的资金流转和正常经营

（续表）

主要风险点	具体说明
销售合同签订存在漏洞	◆ 合同内容存在重大疏漏和欺诈，未经授权对外订立销售合同，可能导致企业合法权益受到侵害 ◆ 销售价格、收款期限等违背公司销售政策，可能导致企业经济利益受损
发货和结算方式不符合规范	◆ 未经授权发货或发货不符合合同约定，可能导致货物损失或客户与公司的销售争议 ◆ 结算方式选择不当，账款回收不力等，可能导致销售款项不能收回或遭受欺诈

销售业务内部控制目标

9.3.2　销售与收款业务控制流程图

企业通过规范销售与收款业务控制流程，可以确保产品销售与收款业务按规定和授权进行，并且确保销售与付款业务及相关会计科目的核算真实、完整、规范，避免差错和舞弊行为，实现预期经营目标。销售与收款业务控制流程如图 9-3 所示。

（1）销售与收款业务控制流程

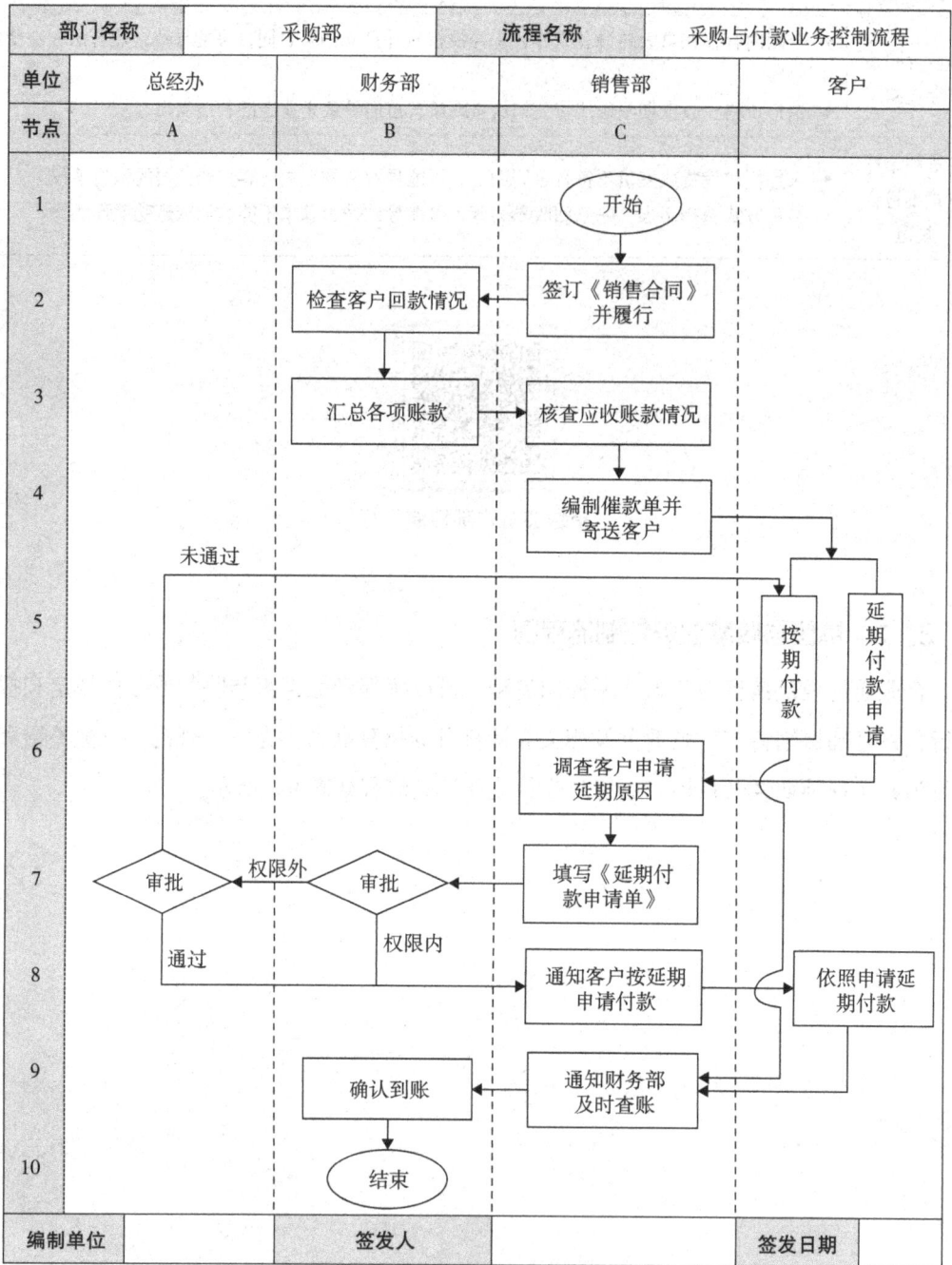

部门名称	采购部		流程名称	采购与付款业务控制流程
单位	总经办	财务部	销售部	客户
节点	A	B	C	

图中节点流程：

1. 开始
2. 检查客户回款情况 ← 签订《销售合同》并履行
3. 汇总各项账款 → 核查应收账款情况
4. 编制催款单并寄送客户
5. 按期付款 / 延期付款申请（未通过）
6. 调查客户申请延期原因
7. 审批（权限外）← 审批（权限内）← 填写《延期付款申请单》（通过）
8. 通知客户按延期申请付款 → 依照申请延期付款
9. 确认到账 ← 通知财务部及时查账
10. 结束

编制单位		签发人		签发日期

图 9-3　销售与收款业务控制流程

（2）执行关键点

销售与收款业务控制流程执行关键点如表 9-6 所示。

表 9-6　销售与收款业务控制流程执行关键点

关键点	细化执行
C1	销售人员与所开发的客户签订《销售合同》，合同中要注明货物品种、数量、金额、付款方式、争议解决方法等内容，规定双方的权利和义务，并根据合同约定和客户的订货单及时向客户发货
B3	◆ 财务部根据规定检验客户是否按计划回款、货款是否到账、货款是否完全到账等，并将应回未回的款项编制应收账款明细表告知销售部 ◆ 销售部经理对于逾期未回的账款，安排销售员进行催款工作 ◆ 客户接到催款通知后，若申请延期付款的，向销售人员提出延期付款申请
C6	销售人员要结合公司的相关规定，详细调查客户的经营状况、偿付能力、信誉状况等信息，并彻底了解客户申请延期付款的真正原因
C7	销售人员填写《延期付款申请单》上报领导审批，财务部经理、总经理根据各自的职责和权限依此审核、审批客户的申请并做出决定

9.3.3　销售与收款业务关键控制点

销售与收款业务的内部控制目标是保证公司经营管理合法合规、资产安全完整、信息真实可靠，从而提高企业经营效率和效果，最终实现企业的发展战略。其内部控制存在销售策略不当，款项回收不力，销售过程存在舞弊行为等诸多风险，因此应从以下几点进行控制。

（1）销售计划管理关键控制点

① 企业应当根据经营战略及年度生产计划，结合企业实际情况，制订年度销售计划，在此基础上，结合客户订单情况，制订月度销售计划，并按规定权限和程序审批后下达执行。

② 企业要定期对各产品的区域销售额、进销差价、销售计划与实际销售情况等进行分析，结合生产现状，及时调整销售计划，调整后的销售计划需履行相应的审批程序。

（2）销售价格制定关键控制点

① 企业确定产品基准定价时应综合考虑财务目标、营销目标、产品成本、市场状况及竞争对手情况等多方面因素。企业应定期对产品基准价格的合理性进行评价。定价或调价需经具有相应权限人员的审核批准。

② 在执行基准定价的基础上，销售部门可结合市场特点，对某些商品采取一定限度的价格浮动权，同时明确权限执行人。价格浮动权限执行人必须严格遵守规定的价格浮动范围，不得擅自调整。

③ 销售折扣、销售折让等政策的制定应由具有相应权限人员审核批准。销售折扣、销售折让的实际金额、数量、原因及对象应记录在册，并归档备查。

（3）客户信用管理关键控制点

① 建立和完善客户信用档案管理机制，设立独立的信用管理部门对客户付款情况进

行持续跟踪和监控，提出划分、调整客户信用等级的方案。

②建立严格的信用保证制度，根据客户信用等级和公司信用政策，拟定客户赊销限额和时限，经销售、财会等部门具有相关权限的人员审批。

（4）销售合同签订关键控制点

①销售合同签订前，公司应当指定专业人员与客户进行业务洽谈、磋商或谈判，谈判过程中应对客户信用状况，销售定价、结算方式、权利与义务条款等相关内容重点关注。如果是重大的销售业务谈判，企业还应当组织财会、法律等专业人员参与，并形成完整的书面记录。

②建立健全销售合同签订及审批管理制度，明确合同签订范围，规范合同签订程序，明确规范审核、审批人员的相应职责。审核、审批过程中应当重点关注销售合同草案中提出的销售价格、信用政策、发货及收款方式等。

（5）发货环节关键控制点

①销售部门应当按照经审核后的销售合同开具相关的销售通知，交给仓储部门和财会部门。

②仓储部门应对销售通知进行严格审核，按照所列的发货产品、规格、发货数量、发货时间、发货方式、接货地点等，按规定时间组织发货。

③应当以运输合同或条款的形式对运输方式、商品短缺、毁损或变质的责任、运输费用承担、保险等内容进行约定；货物交接环节应做好装卸和检验工作，确保货物的安全发运，由客户验收确认。

④落实出库、计量、运输等环节的岗位责任，把控好发货各环节的记录，填制相应的凭证，设置销售台账，实现全过程的销售登记制度。

（6）结算方式关键控制点

①企业结合销售政策，选择合理的结算方式，加快款项回收，提高资金的使用效率。对于商业票据，结合销售政策和信用政策，明确应收票据的受理范围和管理措施。

②建立严格的票据管理制度。主要措施有以下三方面：

a.对票据的取得、贴现、背书、保管等活动予以明确规定，严格审查票据的真实性和合法性，防止票据欺诈；

b.由专人保管应收票据，对即将到期的应收票据；及时办理托收，定期核对盘点；

c.票据贴现、背书应经恰当审批手续。

③加强赊销管理。主要措施有以下三方面：

a.需要赊销的商品，应由信用管理部门按照客户信用等级审核，并经具有相应权限的人员审批；

b．赊销商品一般应取得客户的书面确认，必要时可以要求客户办理资产抵押、担保等收款保证手续；

c．应完善应收款项管理制度，落实责任，严格考核，进行奖惩。

④ 收取的现金、银行本票、汇票等应及时缴存银行并登记入账。防止由销售人员直接收取款项，如必须由销售人员收取的，应由财会部门加强监控。

9.4　固定资产业务循环控制

9.4.1　固定资产业务风险点

固定资产管理的主要风险是企业在经营管理过程中，因对固定资产获取和验收不当、更新改造不够、使用效能低下、维护不当、产能过剩而导致企业缺乏竞争力、资产价值贬损、安全事故频发或资源浪费的风险。固定资产业务主要风险点如表 9-7 所示。

表 9-7　固定资产业务主要风险点

主要风险点	具体说明
固定资产请购审批不严格	◆ 固定资产购买、建造决策失误，可能造成浪费、闲置现象发生 ◆ 未经适当审批或超越授权审批，可能因重大差错、舞弊、欺骗行为而导致资产损失
固定资产管理不规范	◆ 管理过程缺乏监管措施，虚假固定资产运输费、安装费和重估价值，可能造成公司固定资产损失 ◆ 固定资产盘点结果不准确、未及时处理或处理程序不恰当，可能造成企业资产流失
固定资产使用维护不善	固定资产使用、维护和管理不善，可能造成企业资产使用效率低下或资产损失
固定资产处置不当	固定资产报废不符合规定、未经有效审批，固定资产处置方案不合理、未经有效审批、收入没有准确入账，可能造成资产流失或浪费
固定资产财务核算处理不当	◆ 固定资产租赁未经有效审批、租赁费用会计处理不当，可能造成成本费用失真 ◆ 缺乏资产会计和定期盘存制度，可能导致资产损失、资产信息失真、会计差异和其他风险，如资产管理松懈、资产准入、缺乏严格的登记和批准制度以及缺乏定期盘存制度

资产管理内部控制目标

9.4.2 固定资产业务控制流程图

遵循固定资产业务控制流程，可以对固定资产业务进行有效管理，保证固定资产的实体和性能安全有效，使固定资产价值被真实、准确、完整地评估和记录，从而保证账实相符，固定资产业务控制流程图如图9-4所示。

（1）固定资产业务控制流程图

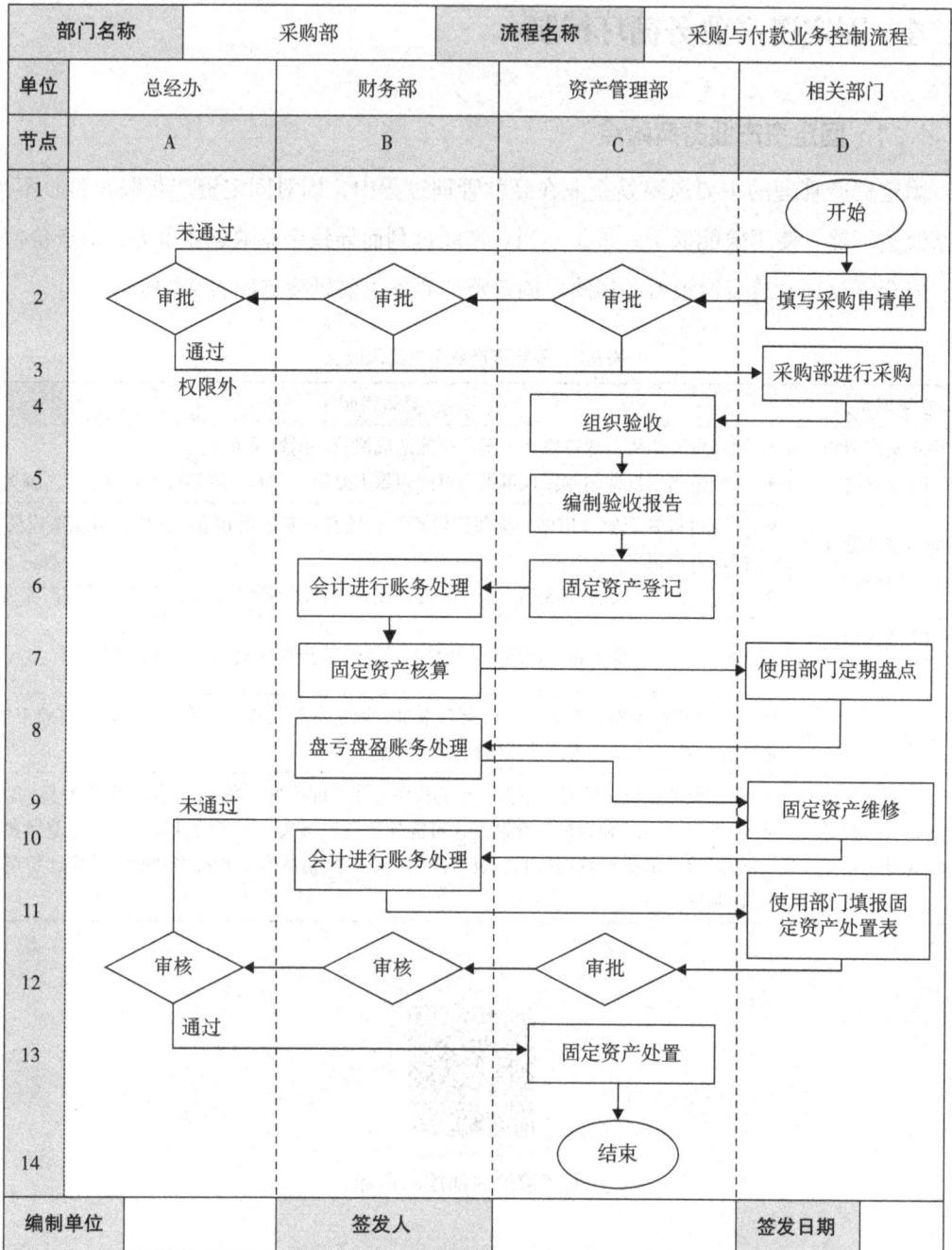

图9-4 固定资产业务控制流程

（2）执行关键点

固定资产业务控制流程执行关键点如表 9-8 所示。

表 9-8　固定资产业务控制流程执行关键点

关键点	细化执行
D2	◆ 企业应根据固定资产的使用情况、生产经营发展目标等因素编制固定资产采购预算。由财务部总监下达，公司各部门应严格执行 ◆ 由固定资产的使用部门根据业务发展目标、固定资产的新旧程度、使用频率、废品率等因素提出固定资产的采购申请
C4	由资产管理部组织相关人员组成固定资产验收小组，对采购的固定资产进行验收，验收主要考察外包装、规格、型号、配置、数量和资料等六个方面
B7	会计应根据固定资产的取得方式确定固定资产成本的构成，并进行相应的账务处理 固定资产核算包括固定资产折旧核算和固定资产后续支出核算
B8	◆ 固定资产盘亏，财务部门固定资产主管与固定资产使用部门办理固定资产注销手续 ◆ 固定资产盘盈，财务部门固定资产主管与固定资产使用部门办理固定资产增加手续 ◆ 固定资产盘亏造成的损失，应计入当期损益；固定资产盘盈经审批后计入营业外收入
C13	◆ 固定资产处置包括固定资产出售、转让、毁损和报废等四种情况 ◆ 固定资产因出售、转让、报废和毁损而进行的处置收入应计入当期损益，通过"固定资产清理"科目进行核算

9.4.3　固定资产业务关键控制点

固定资产具有使用寿命长、单位价值高和计提折旧等特点，固定资产的关键控制点体现在具体的业务流程中，企业应从以下 5 个方面进行关键点控制。

（1）请购审批关键控制点

① 预算内固定资产请购审批应按照预算管理办法执行相关手续，超预算或预算外固定资产业务应由相关责任部门提出申请，经具有审批权限人员审批后再办理相关手续。

② 企业应建立固定资产采购管理办法，明确请购、审批部门的部门和人员的职责权限及相应的请购与审批程序。一般固定资产采购应由采购部门依据公司相关规定确定供应商；重大固定资产采购应采取招标方式进行，成立一个由工程、审计、采购等多部门人员组成的专项工作组，共同参与项目论证、公开招标等环节的工作。

③ 建立和完善供应商管理办法和评价机制，特别是对首次进入备选的供应商，应重点核查其资金情况、经营诚信、承揽能力等。

④ 建立预付款支付批准制度，建立预付款跟踪管理。

（2）固定资产管理过程关键控制点

① 企业应建立固定资产业务的岗位责任制，明确相关部门和岗位的职责、权限，确

保办理固定资产业务的不相容岗位相互分离、制约和监督。

② 企业应当制定固定资产目录，对每项固定资产进行编号，按照单项资产建立固定资产卡片，详细记录各项固定资产的来源、验收、使用地点、责任单位和责任人、运转、维修、改造、折旧、盘点等相关内容。

③ 企业应当建立固定资产清查制度，至少每年进行全面清查。对固定资产清查中发现的问题，应当查明原因，追究责任，妥善处理。

（3）固定资产使用与维修关键控制点

① 企业应当严格执行固定资产日常维修和大修理计划，定期对固定资产进行维护保养，切实消除安全隐患。

② 建立固定资产的维修、保养制度，保证固定资产的正常运行，提高固定资产的使用效率。

③ 加强固定资产的日常管理工作，授权具体部门或人员负责固定资产的日常使用与维修管理，保证固定资产的安全与完整。

④ 企业应当强化对生产线等关键设备运转的监控，严格操作流程，实行岗前培训和岗位许可制度，确保安全运转。

（4）固定资产处置关键控制点

① 建立固定资产处置的相关制度，确定固定资产处置的范围、标准、程序和审批权限等。对拟出售或投资转出及非货币交易的固定资产，必须在出售或转让前进行评估。

② 加强固定资产处置的控制，关注固定资产处置中的关联交易和处置定价，防范资产流失。

③ 对于出租出借的固定资产，应由管理部门提出出租或出借申请，并经相关授权人审批后方可办理手续。

④ 对于使用期满正常报废的固定资产，应由固定资产使用部门填制报废申请单，经相关授权人审批后实施报废程序。对于使用期限未满非正常报废的固定资产，应由固定资产使用部门提交申请，注明报废理由，经技术部门进行鉴定通过后，方可实施报废程序。

（5）固定资产财务核算关键控制点

① 企业应依据国家有关规定，结合公司实际，确定计提折旧的固定资产范围、折旧方法、折旧年限、净残值率等折旧政策。

② 定期对固定资产进行盘点，对于未使用、不需要或使用不当的固定资产，固定资产管理部门和使用部门应当及时提出处理措施，报公司授权部门或人员批准后实施。

③ 财务部门根据固定资产使用部门、技术部门和相关业务部门提供的有关资料，至少每半年对固定资产进行减值分析，需计提减值准备应及时进行账务处理。减值准备数额

须经相关权限人审批后，财务部门按批复数对固定资产价值进行调整。

9.5　成本费用业务循环控制

9.5.1　成本费用业务风险点

在企业发展战略中，成本费用控制处于极其重要的地位，企业在做好成本费用控制的同时，也应防范各类成本费用业务中的风险点。具体如表9-9所示。

表9-9　成本费用业务风险点

主要风险点	具体说明
成本管理理念风险	◆ 企业对成本管理范围局限于企业内部甚至只包括生产过程，导致对相关企业及相关领域成本行为管理的忽视 ◆ 企业对成本管理局限于降低成本，导致成本效益难以得到实现 ◆ 企业对成本管理缺乏全局观念，导致成本管理不适合公司的发展
成本预算风险	◆ 成本预测不准确，导致成本相关信息不准确 ◆ 成本预算不合理，可能影响成本控制效果
成本费用核算风险	◆ 成本核算只注重材料及制造费用，忽视产品研发、试验试制的投入，导致成本信息不全 ◆ 人为舞弊行为导致成本费用的统计资料不真实，从而导致成本核算信息错误 ◆ 归集、分配、摊提成本费用不合理，导致财务报表难以真实反映生产成本
成本费用控制风险	◆ 未合理控制生产损失及生产损耗，导致成本支出增加 ◆ 盲目监督生产成本，导致产品质量下降后产品结构不合理 ◆ 未按要求进行成本结转，导致财务报表不能真实、客观地反映生产成本

9.5.2　成本费用业务控制流程图

企业要遵循成本费用业务控制流程，应该对成本费用实施全过程、全方位、全员化控制，充分利用各种资源，降低生产成本，成本费用业务控制流程如图9-5所示。

（1）成本费用业务控制流程图

部门名称	财务部		流程名称	成本费用业务控制流程
单位	总经办	财务部	人事部	相关部门
节点	A	B	C	

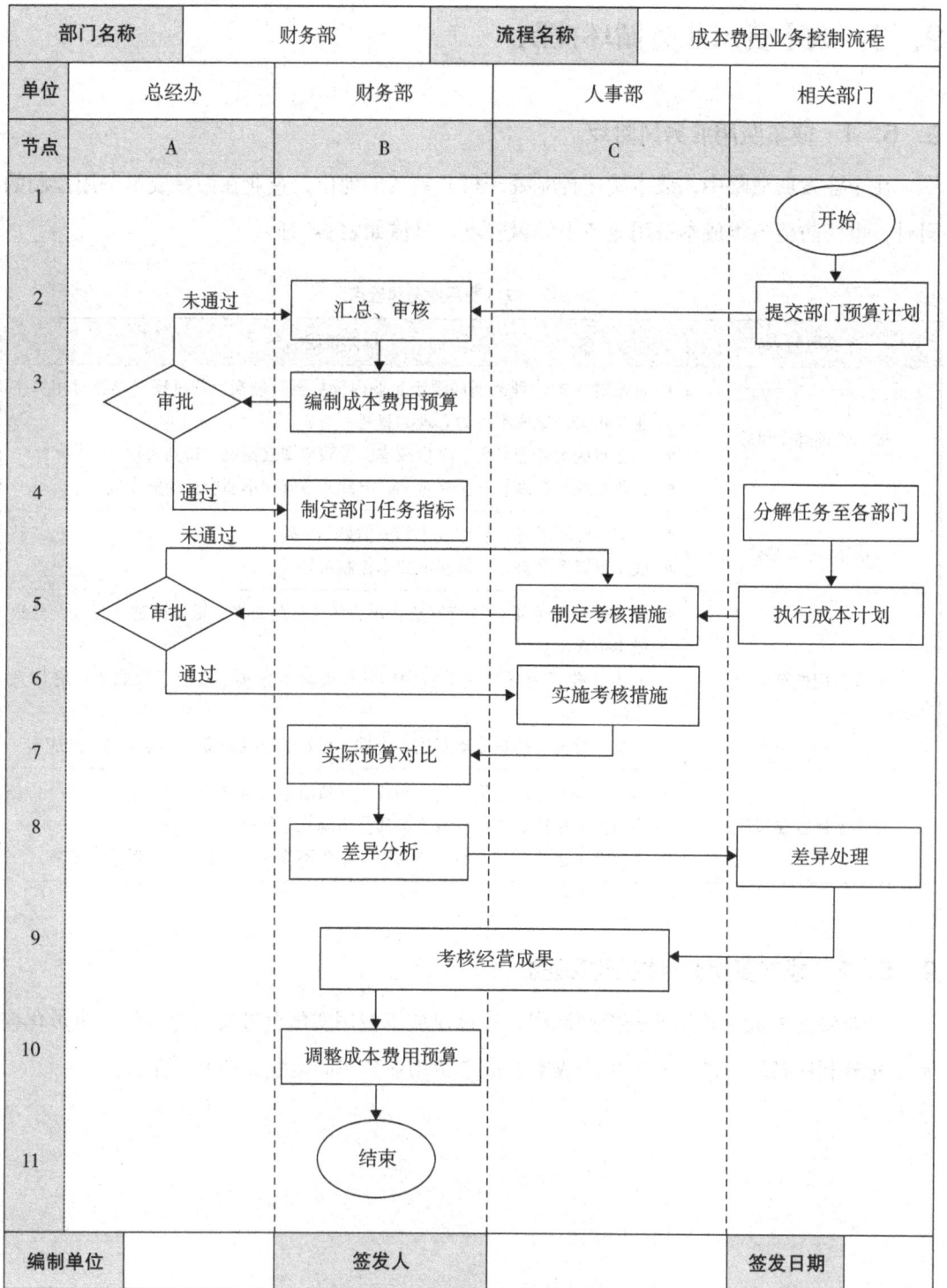

编制单位		签发人		签发日期

图 9-5　成本费用业务控制流程

（2）执行关键点

设备质量分析执行关键点如表 9-10 所示。

表 9-10　设备质量分析执行关键点

关键点	细化执行
B3	◆ 成本费用业务应建立严格的授权批准制度，明确审批人对成本费用业务的授权批准方式、权限、程序、责任和相关控制措施，规定经办人办理成本费用业务的职责范围和工作要求 ◆ 审批人应当根据成本费用授权批准制度的规定，在授权范围内进行审批，不得超越审批权限。 ◆ 经办人在职责范围内，按照审批人的批准意见办理成本费用业务
B4	财务部应制定各部门成本费用控制任务指标，建立必要的消耗定额，建立和健全材料物资的计量、验收、领发、盘存以及在产品的移动管理制度，制定内部结算价格和结算方法，明确与成本费用核算有关的原始记录及凭证的传递流程和管理制度等
B7	财务部应定期对各部门任务指标执行情况与实际预算对比分析，如发现差异，应分析差异产生的原因，并采取针对性措施

9.5.3　成本费用业务关键控制点

成本费用控制是指企业在生产经营过程中，要根据成本费用计划对各项实际发生或将要发生的成本费用进行审核，将其控制在计划成本费用范围内，防止超支、浪费和损失的发生，以保证成本费用计划的执行。掌握成本费用关键控制点，控制成本、节约费用、降低物耗对于企业具有重要意义。

（1）成本管理理念关键控制点

企业应当建立成本费用业务的岗位责任制，明确内部相关部门和岗位的职责、权限，确保办理成本费用业务的不相容岗位相互分离、制约和监督。同一岗位的工作人员应定期作适当调整和更换，避免一人长时间负责同一业务，并配备合格人员办理成本费用的核算业务。

（2）成本预算管理关键控制点

① 企业应当建立严格的费用预算制度，费用预算应当符合公司的发展目标和成本效益原则。

② 各部门应当根据费用预算内容，编制详细的预算，并由预算管理部门或者相应的公司管理层审批。

③ 企业应当根据历史成本费用数据及同行业、同类型公司的有关成本费用资料、成本价格变动趋势、人力及物力的资源状况，以及产品销售情况等，运用本量利分析、投入

产出分析、变动成本计算和定量、定性分析等专业方法，对企业未来成本费用水平及其发展趋势进行科学预测，制定科学、合理的成本费用管理目标。

（3）成本费用核算关键控制点

①财务人员在办理费用支出业务时，应当根据经批准的费用支出申请，对发票、结算凭证等相关凭据的真实性、完整性、合法性及合规性进行严格审核。

②企业应当建立成本核算制度，不得随意改变费用的确认标准或者计量方法，不得虚列、多列、不列或者少列费用。

③企业应当建立费用内部报告制度，应当定期考核费用指标的完成情况，制定奖惩措施，实行费用责任追究制度。

（4）成本费用控制关键控制点

①企业应当确定材料供应商和采购价格，并采用经济批量等方法确定材料采购批量，控制材料的采购成本和储存成本。

②企业应当按照生产计划或耗用定额，确定材料物资耗用的品种和数量，控制材料耗用成本。

③企业应当建立人工成本控制制度，合理设置工作岗位，通过实施严格的绩效考评与激励机制控制人工成本。

④企业应当明确制造费用支出范围和标准，采用弹性预算等方法，加强对制造费用的控制。

⑤企业应当制定费用的开支范围、费用标准和费用支出的申请、审核、审批、支付程序，严格控制各项费用的开支。

⑥企业应当建立人工成本控制制度，合理设置工作岗位，实施严格的绩效考评。

9.6 工程项目业务循环控制

9.6.1 工程项目业务风险点

工程项目经营风险是指企业在自行或者委托其他单位进行设计、建造、安装和修护时，可能因工期延误、超出预算、生产考核达不到设计要求导致未通过竣工验收，给企业带来资产损失的风险。具体风险如表9-11所示。

表 9-11　工程项目业务主要风险点

主要风险点	具体说明
立项环节决策失误	◆ 立项缺乏可行性研究或可行性研究流于形式，决策失误或不当，可能导致难以实现预期效益或项目失败 ◆ 工程项目未经适当审批或超越授权审批，可能因重大差错、舞弊、欺诈而导致资产损失 ◆ 工程项目建议书内容不完整、不合规，项目性质、用途模糊，拟建规模、标准不明确，可能导致项目投资估算和进度安排不协调等 ◆ 工程项目违反国家法律法规，可能遭受外部处罚、经济损失和信誉损失
工程设计与概预算不合理	◆ 初步设计阶段存在较大疏漏，设计方案不合理，导致工程存在质量隐患、扩大投资风险及投产后运行成本过高等 ◆ 工程造价信息不对称，技术方案不落实，概预算脱离实际，可能导致项目投资失控
招投标环节存在舞弊	项目招标暗箱操作，存在商业贿赂，可能导致中标人实质上难以承担工程项目、中标价格失实及相关人员涉案
项目建设过程管理不善	工程物资质次价高，工程监理不到位，项目资金不落实，可能导致工程质量低劣，进度延迟或中断
竣工验收不规范	◆ 竣工验收不规范，最终质量把关不严，可能导致工程存在重大隐患 ◆ 竣工验收责权不明，验收资料不合格、不齐全，验收资料未按规定审批

工程项目内部控制目标

9.6.2　工程项目业务控制流程图

　　企业通过工程项目业务控制流程，可以加强对工程项目的内部控制，防范工程项目管理中的差错与舞弊，从而提高资金使用效益，工程项目业务控制流程如图 9-6 所示。

（1）工程项目业务控制流程

部门名称	工程部		流程名称	工程项目业务控制流程	
单位	董事会	工程部	项目部	财务部	施工单位
节点	A	B	C		

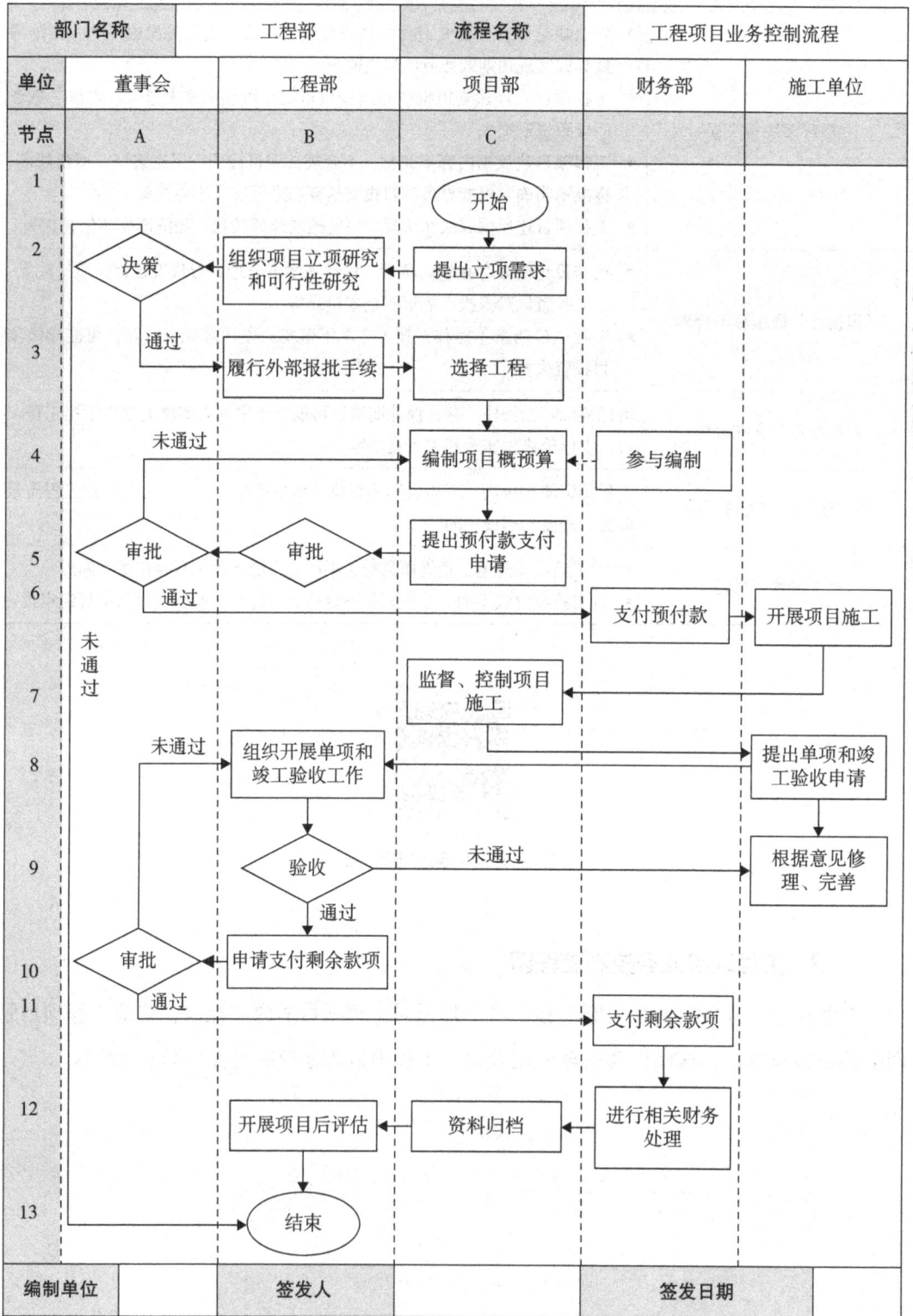

图 9-6　工程项目业务控制流程

（2）执行关键点

工程项目业务控制流程执行关键点如表 9-12 所示。

表 9-12　工程项目业务控制流程执行关键点

关键点	细化执行
B2	工程部根据立项研究和可行性研究的结果，编制《工程项目建议书》和《工程项目可行性研究报告》，并提交总经理进行决策 工程部根据工程项目是否需要政府主管部门的审批或备案，判断是否履行相关的外部审批或备案手续
C4	财务部和其他部门对工程项目概预算的编制提出合理化建议
B8	◆ 单项工程完成后，施工单位可以申请项目部进行单项工程的验收；整体工程完成后，施工单位申请整体工程的竣工验收 ◆ 财务部出纳负责具体办理工程项目剩余款项的结算和支付 ◆ 财务部会计负责进行工程项目相关的总账和明细账的账务处理工作

9.6.3　工程项目业务关键控制点

企业应建立和完善工程项目业务的各项管理制度，全面梳理各个环节可能存在的风险点，规范各环节的工作流程，进而确保工程项目的质量、进度和资金安全，工程项目业务应从以下 5 个方面进行关键控制。

（1）立项环节关键控制点

① 企业应自行或委托具有相关资质的专业机构从市场、技术、资金等方面对项目进行可行性分析，并出具可行性研究报告；将项目建议书和可行性研究报告提交公司董事会或决策机构进行决策。

② 企业应建立科学的工程项目决策制度及决策机制，并建立严格的授权审批制度，明确工程项目审批人的授权批准方式、权限和责任；规定工程经办人员的职责范围；工程项目的立项和建筑需有公司董事会的书面认可。

③ 企业应在工程项目立项后，正式施工前，依法取得建设用地、城市规划、环境保护、安全施工等方面的许可。

（2）工程设计与概预算关键控制点

① 建立设计单位选择程序，对设计单位资格进行审核，采用招标方式选择设计单位和设计方案；组织或聘请专业人员对招标方案进行审核，保证方案的合理性。

② 概预算的编制应充分考虑项目的机会成本、资金成本等各种因素。编制完成的资本预算必须经过董事会或股东大会的批准。工程项目的建筑都必须依据预算，对实际支出与预算的差异应履行特殊的审批手续。

（3）招投标关键控制点

①企业编制招投标的文件中应提出对投标人的资格要求、技术要求及评标标准等，明确投标人须提交的各种资质证明文件。

②企业应自行或委托具有相应资质的机构编制标底，制定科学合理的评标方法。公司应组建评标小组，评标小组应由公司代理和有关技术、经济方面的专家组成，评标小组应采用招标文件规定的评标标准和方法，对投标文件进行评审和比较，择优选择中标候选人。

③工程项目的招标、评标和定标须经适当授权，且由集体决策，严禁由一人或少数人决策中标业务。

（4）项目建设过程关键控制点

企业应针对工程特点，遵循重要性原则，对重要的工序、质量因素和环节进行重点掌握。

①企业应委托具有相应资质的监理单位，对项目施工过程中的质量、进度及安全进行管理，企业对监理工作应负检查的责任。

②企业财务部门或资金管理部门应设置相关岗位负责从事工程项目的核算工作，及时反映和监督工程所需资金的筹集状况；建立严格的工程款项支付审批手续，在工程预算范围内使用资金，严禁将工程项目资金用于计划外项目。

③建立工程项目追踪分析，准时发觉工程项目在进度、质量、资金使用等方面的问题。

（5）竣工验收关键控制点

①企业应组织设计、监理等单位对施工单位报送的竣工资料进行审查，并组织工程验收。

②财务部门对施工单位提交的竣工决算书进行审核，并以此作为结算依据；企业要按规定编制竣工决算，确定建设成本，组织或聘请审计部门进行项目决算审计。

③建立工程项目考评和评估制度，由投资委员会组织会计部门、基建部门等对于工程的概预算执行状况及结果进行分析；对于项目投产后的成本效益状况进行评估，以此作为奖惩依据，对无正当理由超预算的项目以及投产后经济效益低于预估的项目，应追究有关人员的决策责任。

第10章
内部控制的检查监督

10.1 内部控制检查监督体系设计

10.1.1 检查监督机构设置

审计委员会、监事会、内部审计部门及其他职能部门中的纪检监督部门都属于企业内部控制建设系统工程的组成部分，共同参与并承担监督工作及职责。

（1）审计委员会

审计委员会是董事会设立的专业委员会，其职能包括审查企业内部控制设计及实施、领导与开展内部控制，自我评价、就相关工作沟通协调等。为适应上述职能要求，其人员必须具备良好的职业能力。

（2）监事会

监事会是企业的内部监督机构，其主要职权包括以下4项内容。

① 监督检查公司的财务会计活动。

② 监督检查公司董事会和经理等管理人员执行职务时是否存在违反法律、法规或者公司章程的行为。

③ 提议召开临时股东大会。

④ 执行公司章程授予的其他职权。

（3）内部审计机构

内部审计机构具有相应的独立性，内部审计机构人员不得归属财会机构领导，也不得与财会机构合署办公。

内部审计机构依照法律规定和企业授权开展审计监督工作，若在审计过程中发现重大问题，可根据实际情况向审计委员会或者董事会报告。

10.1.2　内部控制缺陷标准

内部控制缺陷是指内部控制制度的建立或者执行没有达到预期标准，因此内部控制制度无法为企业内部控制目标的实现提供合理的保证。

（1）一般分类

内部控制缺陷一般分为设计缺陷与运行缺陷。

设计缺陷是指企业实现内控目标的措施不足，或者设计不合理，致使内部控制目标不能实现。

运行缺陷是指内部控制执行者没有依据内部控制制度的要求执行，或者执行者不具备有效地实施内部控制的能力，致使内部控制目标不能实现。

（2）内部控制缺陷标准

内部控制缺陷依据其带来影响的程度可分为重大缺陷、重要缺陷和一般缺陷。

① 重大缺陷，是指可能严重影响内部整体控制的有效性的一个一般缺陷或多个一般缺陷的组合，会导致企业无法及时防范或发现严重偏离整体控制目标。以下4种行为一般可认定为重大缺陷。

a. 董事、监事、高级管理人员滥用职权，发生贪污、受贿、挪用公款等舞弊行为。

b. 财务报告存在重大错报，需要更正已公布报告。

c. 未设立内部监督机构，内部控制无效。

d. 重要业务缺乏制度控制或制度体系失效。

② 重要缺陷，是指一个一般缺陷或多个一般缺陷的组合，其严重程度低于重大缺陷，如企业无法及时防范或发现，其严重程度依然重大，须引起企业管理层关注。一般以下4种行为会被认定为重要缺陷。

a. 未按公认会计准则选择和应用会计政策。

b. 当期财务报告存在重要错报，未能识别该错报。

c. 重要业务制度或系统存在缺陷。

d. 未建立反舞弊程序和控制措施。

③ 一般缺陷是指除重大缺陷、重要缺陷之外的其他缺陷。

10.1.3　内部控制检查监督制度

内部监督是指企业对内部控制建立与实施情况进行监督检查，评价内部控制的有效性，发现内部控制缺陷，并且及时加以改进。以下是某企业的内部控制监督检查制度，以供参考。

内部控制检查监督制度

第 1 章　总则

第 1 条　为规范公司内部控制监督检查行为，保障内部控制监督检查工作的有效实施，促进公司规范运作和健康发展，根据相关法律、法规和各类规范性文件，结合公司实际，制定本制度。

第 2 条　本制度适用于公司所属部门、分公司、子公司等内部控制检查监督工作。

第 3 条　内部控制监督检查分为日常监督检查和专项监督检查。

1. 日常监督检查是指对公司及各分、子公司建立与实施内部控制的情况进行常规、持续的监督检查。

2. 专项监督检查是指公司及各分公司、子公司发展战略、组织结构、经营活动、业务流程等发生重大调整或变化的情况下，对其进行某一或者某些方面有针对性的监督检查。

第 4 条　内部控制检查监督的主要人员或部门职责分工如下所示。

1. 公司董事会负责公司内部控制制度的制定和执行工作。

2. 审计部负责内部控制的日常检查监督工作，并配备专门的内部控制检查监督人员，对公司内部控制制度的建立和实施、公司财务信息的真实性和完整性等情况进行检查监督。

3. 公司各职能部门应配合审计部依法履行职责，不得妨碍审计部的工作。

第 2 章　内部控制监督检查的内容

第 5 条　内部控制监督检查应当对被检查单位的内部环境、风险管理、控制活动、信息与沟通和内部监督等情况进行检查。

第 6 条　内部环境情况检查监督主要包含以下内容。

1. 公司内部治理结构的建立、职责权限的明确情况。

2. 内部控制建设、实施、运行和监督等方面情况。

3. 内部机构设置、职责权限分工和内部管理手册编制与实施情况。

4. 人力资源制度、财务制度及其他相关制度的制定和实施情况。

第 7 条　风险管理情况检查监督主要包含以下内容。

1. 风险预警、风险辨识、风险描述、风险控制和风险评估以及风险数据库建设情况。

2. 风险管理策略和应对措施制定与落实情况。

3. 风险管理工作的自查和检验情况。

第 8 条　控制活动情况检查包括但不限于以下内容。

1. 各项管理活动的制度体系建设及运行情况。

2. 不相容职务相分离控制、授权审批控制、会计系统控制、财产保护控制、预算控制、运营分析控制等措施的制度设计和执行情况。

3. 企业相关业务管理活动的重大风险预警机制和突发事件应急处理机制建立与执行情况。

第 9 条　信息与沟通情况检查包括但不限于以下内容。

1. 内外部信息收集、处理、传递机制建立和执行情况。

2. 反舞弊机制、举报投诉制度和举报人保护制度建立与执行情况。

第 3 章　监督检查工作程序

第 10 条　审计部需要对公司内部控制制度的执行情况进行检查监督，以发现制度中是否存在缺陷和问题。审计部同时需要评估各部门对相关内控制度的执行效果，并督促相关部门、单位及时予以改进，确保内部控制制度的有效实施。

第 11 条　公司应结合自身经营情况与企业特点，制定公司内部控制自查制度和年度内部控制自查计划。审计部需不定期地对公司的内部控制开展各项检查监督工作。

第 12 条　内部控制检查监督应涵盖经营活动中所有业务环节，包括但不限于以下内容。

1. 货币资金管理环节：包括货币资金的入账、划出、记录、报告等。

（续）

2. 采购与付款环节：包括采购申请、货物验收、退货处理、应付账款记录、核准付款、支付货款及其记录等。

3. 销售与收款环节：包括合同管理、信用管理、货物运送、发票管理、应收账款、货款记录等。

4. 固定资产管理环节：包括固定资产的购买、处置、维护、保管与记录等。

5. 成本费用管理环节：包括成本费用预算、控制、监督等。

6. 工程项目管理环节：包括工程项目立项、招标、费用预算、建设、支付管理、进度控制、工程验收等。

第13条 审计部开展内部控制检查监督工作时，可以采取现场谈话和问卷调查、现场考察、财务审计、文件审核或书面报告等方式进行。

第14条 审计部在展开检查监督工作时，可向与被检查监督单位有经济业务往来的部门和单位核实有关情况。

第15条 审计部在展开检查监督工作，检查小组对被检查单位实施调查、询问时，检查人员不得少于2人，证明材料应当有提供者的签名或盖章。

第16条 检查监督人员在检查内容与事时应编制内部控制检查表和内部控制缺陷认定表等内部控制检查工作底稿，编制完成后需相关人员签字确认。

第17条 检查组组长需要对组内人员进行监督，同时需要对部分监督检查工作进行复核。实施检查中遇到重大问题，检查组组长有权直接向董事会及其审计委员会、监事会报告。

第18条 检查结束前，检查组应当就检查工作的基本情况、被检查单位存在的问题等事项与被检查单位交换意见。

第4章 检查监督工作报告

第19条 检查组应当在现场检查结束后15个工作日内向审计部门提交检查报告。检查报告应当包括以下内容。

1. 被检查单位基本情况，检查中发现的内部控制制度不健全、不完善之处。

2. 被检查单位内部控制运行情况及评价。

3. 被检查单位内部控制缺陷和存在问题的基本事实、认定依据和处理意见。

4. 针对内部控制存在的问题提供改进措施及建议。

5. 审计部认为应当说明的其他事项。

第20条 公司审计部门对检查组提交的检查报告进行审核后，需要与被检查单位沟通，并征求其意见。被检查单位应当自收到征求意见书之日起5个工作日内，提出书面意见或说明。

第21条 公司审计部门应当定期回访被检查单位整改落实情况，同时对其内控执行情况进行不定期检查监督。

第22条 内部控制监督检查工作结束后，公司审计部门应及时检查资料进行鉴别整理，依照档案管理相关规定归卷存档。

第5章 附则

第23条 本制度由董事会负责编制、解释与修订。

第24条 本制度自××××年××月××日起生效。

10．1．4 内部控制检查监督步骤

为提高检查工作效率，保证检查工作质量，提升企业风险管理水平，使公司各项业务活动正常、有效进行，企业需要按照一定的步骤实施检查监督活动，其具体实施步骤如图

10-1 所示。

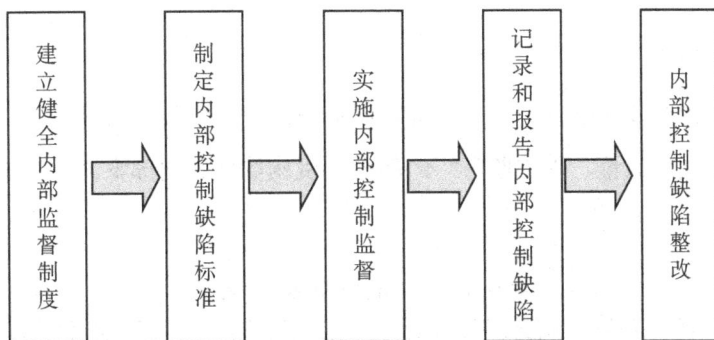

图 10-1 内部控制检查监督步骤

第 1 步：建立健全内部监督制度

企业的内控制度应包括企业各项经济活动、财务收支、组织架构、岗位职责、相关权限、信息沟通以及各种报告样本等内容。

第 2 步：制定内部控制缺陷标准

对内部控制评价过程中发现的内部控制缺陷，企业应当综合分析缺陷的成因、表现形式及重要程度，并按照一定的标准将各项内部控制缺陷分别认定为重大缺陷、重要缺陷和一般缺陷。

第 3 步：实施内部控制监督

检查监督人员需要确定内部控制实施的范围，包括被监督单位及其重要业务流程，梳理风险，编制风险清单，并对将现有的政策、制度等与风险清单进行比对，查找内控缺陷，可采用持续监督或单独评估等方式。

第 4 步：记录和报告内部控制缺陷

内部控制监督工作完成后，检察监督人员应当以书面或者其他适当的形式，出具检查监督报告，以确保内部控制建立与实施过程的可验证性。其中应包括内部环境、控制活动、信息与沟通、风险评估、内部监督等相关信息。

第 5 步：内部控制缺陷整改

通过内部监督，被检查单位需要对监督过程中发现的问题和缺陷采取相应的整改计划和措施，同时需要确认整改措施、整改责任人、整改方式等内容，切实落实整改，促进内部控制系统的改进。

10.2 内部控制检查监督方法

10.2.1 日常监督

日常监督是指企业对建立与实施内部控制的情况进行常规、持续的监督检查。监督的主体一般分为管理层监督、单位监督、内部控制机构监督、内部审计监督等，其具体说明与主要措施如表 10-1 所示。

表 10-1 日常监督方式与主要措施

监督方式	具体说明	主要措施
管理层监督	管理层人员利用内部信息与沟通机制获取信息，从而验证内部控制是否有效设计和运行，并对日常经营管理活动进行持续监督	◆ 董事会召开会议获取来自经理层的相关信息，利用内外部审计力量，持续监督经理层权力行使情况 ◆ 经理层召开管理会议，听取员工的合理化建议，并组织实施内部控制评价
部门监督	企业各部门采取措施定期对职权范围内的经济活动实施自我监督	企业召开部门例会或运营分析会等，收集企业内外部相关信息，分析并报告存在的问题，对日常经营管理活动进行监控
内部控制机构监督	部分规模较大的企业，可设置专门的内控机构，根据风险评估结果，对企业认定的重大风险的管控情况及成效开展持续性的监督	◆ 企业结合内外部审计力量及其意见，对企业认定的重大风险开展持续性的监督 ◆ 召集有关管理层和员工就企业内控制度设计和执行中存在的特定问题进行面谈和讨论，同时可以通过各种方式进行监督测试
内部审计监督	内部审计机构采取措施对日常生产经营活动实施审计检查	内部审计机构制订内部审计计划，定期组织生产经营审计、内部控制专项审计和专项调查，对审计中发现的违法违规行为提出审计建议，作出审计决定

10.2.2 专项监督

专项监督是指在企业发展战略、组织结构、经营活动、业务流程、关键岗位员工等方面发生较大调整或变化的情况下，对内部控制的某一个或者某几个方面进行有针对性的监督检查。专项监督的监督主体主要为企业内部控制机构、财务机构和其他内部机构。

（1）专项监督的范围和频率

专项监督的范围和频率应根据风险评估结果以及日常监督的有效性等予以确定。专项监督的范围和频率主要取决于风险评估的结果和问题严重程度。

（2）专项监督的执行情况

① 当企业内部控制环境发生变化时，需要执行专项监督，以确定原有内部控制体系是否能适应新的内控环境。

② 日常监督的结果同样会影响专项监督的执行，风险较高且重要的项目要增加专项监督次数。风险较高但重要性较低的项目或重要性较高但是风险很小的项目可减少专项监督的次数。

10.3 内部控制检查监督报告

10.3.1 检查监督报告内容

企业内部控制检查监督是指企业依据各项法律法规和相关制度，通过记录、计算、分析、检查等方法，对单位生产经营活动的合法性、合理性和有效性进行的监督。监督完成后需要出具完善的检查监督报告对此次检查监督发现的问题进行说明，检查监督报告的主要内容包括以下几个方面。

（1）内部检查监督现状

报告中需要介绍本次内部检查监督过程中企业相关部门或责任单位存在的现状，可从内部控制体系、内部控制监督管理、员工法律意识等方面进行说明。

（2）内部检查监督存在的问题及原因分析

报告中还需要说明本次内部监督检查过程中企业存在的问题及其原因，其问题产生的原因可从法律法规建设、人事管理体制、企业人员素养、内控管理机制等方面说明。

（3）检查整改措施

此部分主要针对内部监督检查存在的问题提出解决方案，可从健全单位内部监督控制体系、依据相关法律法规、强化人员选用机制等方面说明。

10.3.2 检查监督报告模板

通过内部控制制度的落实完善，企业可促进各部门内部控制框架体系的建立，在企业中形成内控管理意识，建立健全内部控制机构建设、制度建设。监督检查活动可以根据内部控制制度的落实情况进行验证。以下是一则检查监督报告，以供参考。

A 公司检查监督报告

为贯彻落实总公司内部控制建设有关规定，审计部门建立内部控制检查监督小组，按照公司相关要求，对 A 公司项目执行情况展开内部监督检查。检查发现 A 公司的整体管理水平有所提高，但仍存在部分问题，其具体情况如下。

（续）

一、检查监督情况

1. 内控机构机制

A公司基本建立集体议事决策机制、风险评估机制、内控评价机制等内控机构机制，且开展了内控风险评估，形成了风险评估报告，并有意识、主动针对风险评估问题进行改进。

2. 业务层面内控建设

A公司根据实际适用的经济业务范围，不同程度形成了预算管理、收支管理、采购管理、资产管理、建设项目、合同管理六大经济活动管理制度，部分业务流程和管理制度需进一步建立健全。

二、存在的问题

1. 财务管理方面

（1）工程成本核算管理存在工程进度确认不及时的问题。

（2）项目转资未明确资产类别及使用年限。

2. 物资采购及库存管理方面

通过此次监督检查发现企业采购验收环节不完善，只对招标采购的设备进行验收，零采设备缺少验收环节或对验收过程不重视，导致部分采购材料不符合要求。

3. 人力资源管理方面

（1）在岗位权利和责任分配上，存在职责不清，职责交叉的情况。

（2）在培训方面，存在部分部门培训流程不清晰、培训方案不完善、不按照公司规定的培训流程进行审批的情况。

（3）在人员考核方面，存在部门未按公司考核制度进行，未深入到实际工作中，没有起到考核的激励作用。

4. 反舞弊控制方面

公司部分员工对反舞弊问题的认知度不够，且公司反舞弊机制建设不完全。

5. 内控执行方面

通过检查发现单位内控建设、风险评估、内控评价等正常能发挥作用和价值的地方存在作假、迎检等问题，公司内控建设与内控执行不统一。

（续）

三、整改建议

1．财务管理方面

（1）要求公司工程管理部门及时与客户确认工程进度，及时入账活化企业资金。

（2）严格按照公司财务管理制度执行资产管理、账务核算等内容。

2．人力资源管理方面

（1）对职责不清的部门，修改岗位说明书，做到职责清晰。

（2）严格培训的审批流程，对部门执行考核扣分，同时加强培训审批流程的宣传。

（3）业绩考核方面，让公司主管人员深刻认识到绩效考核的作用和意义，使其成为激励员工的工具，从而更好地管理日常的工作。

3．内控执行方面

基于公司内控标准进行风险评估和内控建设，使业务部门看到与自身相关的风险差异，同时业务部门直接参与涉及自身职责的内控业务流程设计。

相关岗位根据跨部门沟通、确认的业务流程修订各自负责的制度，解决内控设计和执行不统一的问题。

审计部

××××年××月××日

10.4　反舞弊监督管理

10.4.1　舞弊行为调查步骤

为规范舞弊调查行为，明确舞弊行为调查要求，做好舞弊调查工作，避免调查过程中出现意外情况，调查人员应按照既定步骤进行舞弊行为调查，如图 10-2 所示。

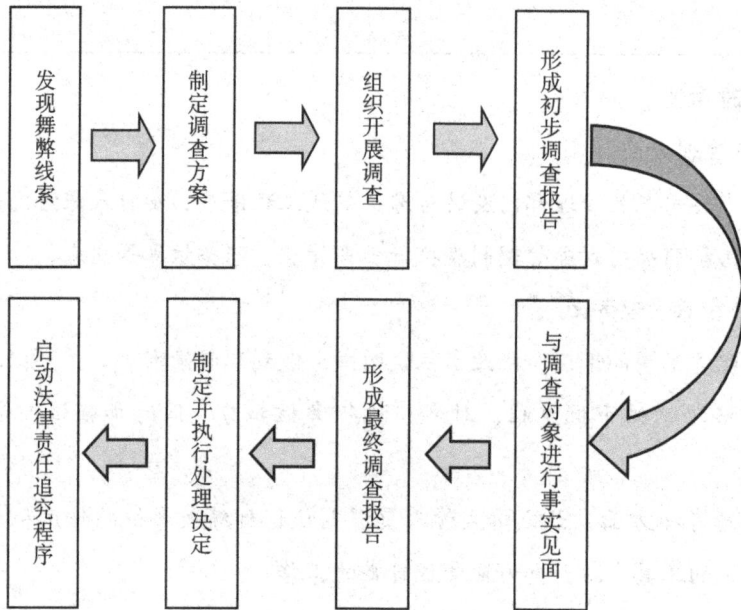

图 10-2　舞弊行为调查步骤图

第1步：发现舞弊线索

调查人员可以通过各种渠道获得企业员工舞弊线索，主要渠道有收到举报线索、在日常检查中获得线索、舞弊者主动交代的线索等。

第2步：制定调查方案

调查人员根据线索反映的情况，对需要核查的内容进行分类，再针对分类后的内容采取适当的具体取证方法，制定出舞弊调查方案，方案中应明确表明调查人员、调查时间、调查事项以及应对紧急情况的对策等。

第3步：组织开展调查

调查人员根据调查方案展开工作，在开始调查前，先做好谈话提纲，并在与调查对象谈话时根据其反应随机应变。为保证调查过程不被中断，可事先采取办法暂停调查对象职务，避免调查对象对调查进程造成干扰。

除此之外，在调查过程中获取的各种证据以及资料等，均应采取有效措施保护，防止丢失。

第4步：形成初步调查报告

调查人员对调查过程中获取的线索以及证据资料等，应进行整理分析，得出初步调查结论，给出调查意见，形成初步调查报告，并交由上级审批。

第5步：与调查对象进行事实见面

调查人员根据初步调查报告，整理形成与调查对象的"事实见面材料"，将调查事项与调查对象当面核实，听取其意见。

若调查对象对调查事项提出异议，并可以向调查人员提供证明材料，调查人员需对其进行判断，若提出的异议确实合理，调查人员则需补充调查，若提出的异议不合理，调查人员应向调查对象说明理由。

若调查对象对调查报告无异议，调查人员则需按照调查报告做出相应处理。

第 6 步：形成最终调查报告

调查人员根据与调查对象的见面结果，对初步调查报告进行补充调整，形成最终调查报告。

第 7 步：制定并执行处理决定

调查人员根据最终调查报告，制定并执行处理决定。若查明调查对象不存在舞弊事实，则需要结束调查，并在公司内部进行公示。若是调查对象确实存在舞弊行为，调查人员则需依据公司规章制度与调查报告，做出处理决定并在告知调查对象之后执行，同时在公司内部进行公示。

第 8 步：启动法律责任追究程序

若调查对象确实存在舞弊行为且触及法律，调查人员则需启动相应的法律程序，追究调查对象的法律责任。

10. 4. 2　舞弊行为应对方案

为加强企业治理与内部控制，应对舞弊行为，降低企业经营风险，规范企业经营行为，维护公司的合法利益，调查人员应按照既定方案应对舞弊行为。下面是一则舞弊行为应对方案，仅供参考。

舞弊行为应对方案

一、目的

为规范舞弊行为应对工作，减少公司利益损失，维护公司合法利益，树立良好的公司形象，防止损害公司形象的事情发生，特制定本方案。

二、舞弊行为应对小组

公司设立舞弊事件应对小组，负责舞弊行为应对与处理。

组长：李某

副组长：孙某

组员：王某、赵某、商某

（续）

三、舞弊行为应对措施

（一）收取贿赂或折扣

1. 若舞弊人员收取贿赂或折扣金额在____万元以下，公司依据劳动合同的约定，要求员工进行赔偿，并返还所收受的有关财产。

2. 若舞弊人员收取贿赂或折扣金额在____万元至____万元的，公司有权将其调离原岗位或辞退有关人员，并要其赔偿公司有关损失。

3. 若舞弊人员收取贿赂或折扣金额达到____万元以上，公司有权向司法机关报案，请求司法机关追究其法律责任，并没收其全部非法所得财产。

（二）非法使用或占用公司财产

1. 若舞弊人员非法使用或占用公司财产，对公司造成损失，损失金额在____万元以下，公司可以与其解除劳动合同并要求其赔偿公司损失。

2. 若舞弊人员非法使用或占用公司财产，对公司造成损失，损失金额达到____万元及以上，公司可以向司法机关提出申请，追究其非法侵占或挪用罪。

（三）伪造、编造会计记录或者凭证

1. 若舞弊人员伪造、编造会计记录或凭证，属于违反公司规定并且未给公司带来损失的，公司可给予警告处理并对其过往工作内容进行再次审计。

2. 若舞弊人员伪造、编制会计记录或凭证，已经对公司造成损失的，且损失金额在____万元以下的，公司可与其解除劳动合同并要求其赔偿公司损失。

3. 若舞弊人员伪造、编制会计记录或凭证，已经对公司造成损失的，且损失金额达到____万元及以上的，公司可向司法机关提出申请，追究其法律责任。

（四）泄露公司商业或技术秘密

1. 若舞弊人员确实存在泄露公司商业机密行为，公司应当首先做好证据留存工作，包括界面截图、谈话录音等证据，并要求其书写检讨书，并进行公示。

2. 公司在掌握证据后，应立刻通过谈话、警告等方式要求舞弊人员停止泄密行为，避免进一步扩大事情的严重性。

3. 公司根据泄密严重情况，追究舞弊人员责任，采取解除劳动合同及要求其承担法律责任等措施。

4. 公司要对泄密的原因进行调查，重新做好相关保密工作，如更换员工账号密码、更换进入文件保管室的钥匙等，并与其他相关人员重新签订保密合同。

5. 同时，对明确知道公司机密去处的，公司应派人联系对方，要求对方及时删除相关信息，并做好保密工作，否则将采取诉讼手段维权。

6. 对于不知道公司机密去处的，公司应发布公告，劝告相关人员停止侵权行为，并开放举报监督通道，以便及时接受各方关于掌握公司机密泄露的举报工作，将公司损失降到最低。

四、舞弊行为应对注意事项

1. 公司在进行舞弊行为应对时，不仅要遵循自身规章制度，更要遵循国家的法律法规，任何应对行为不得超出法律界限之外。

2. 在应对舞弊人员以及舞弊事件时，公司应视情节严重程度进行应对，具体情况具体分析，不可一概而论。

3. 在进行舞弊行为应对时，尽量留下书面记录，留下应对痕迹，以便在司法机关需要时，提供相关证据。

10.4.3　反舞弊案例

舞弊是指企业内、外人员采用欺骗等违法违规手段，谋取个人不正当利益，损害企业经济利益的行为。公司管理层要把反舞弊工作作为日常管理工作的一部分，也要积极支持审计部的日常工作，并从预算、人员配置、工作条件准备上给予充分保障。以下是一则反舞弊案例，以供参考。

B公司反舞弊案例

B公司为一家跨国高科技制造业集团公司，从创立初期，就凭借以海外人才为主力的人力资源，及海外同行的先进经验，制定了相应的管理规章和内部控制制度。

B公司的采购部门在集团建立之初就存在，一直负责采购相关工作，随着B公司的发展壮大，采购部门结构与人员也在不断建设。

在公司内部控制的日常监督活动中，收到匿名举报，举报信中提到采购总监张某及其下属采购团队利用职务之便，与供应商勾结，进行暗箱操作，操控项目招标结果。下属团队人员明知供应商相关产品不符合集团招标条件的情况下，仍与采购总监张某合谋违规让该供应商中标。

审计部门收到举报后，对此事高度重视，结合法务及其他相关人员成立专项调查小组，迅速展开调查。

调查小组第一时间对涉事员工的电脑、邮件、相关网络设备进行了取证，同时对本次采购项目的相关合同、采购报告、招标文件、供应商资质等内容进行调查，并约谈了采购和财务部的员工来了解情况。随着调查的开展，调查小组对本次舞弊事件获得深入了解。

调查发现在本次采购项目中，采购总监张某与供应商达成私下协议，承诺帮其完成中标。张某及其下属团队利用职务之便盗取投标相关文件，操控投标流程，提前获取其他供应商投标金额信息，并为供应商修改技术评分，通过系列操作帮助供应商中标。同时在此项目中采购总监收受贿赂金额折合人民币达90余万元，其下属团队人员收受贿赂金额在2万元至10万元不等。

调查完成后，公司及时与涉案人员解除劳动合同并移送公安机关处理。最终，张某犯非国家工作人员受贿罪，判处有期徒刑五年，罚金人民币30万元，并没收违法所得人民币90余万元。其下属团队涉案人员也处相应罚金和1~5年不等有期徒刑。

为避免采购项目类似情况再次发生，公司决定加大反舞弊体系建设，建立健全反舞弊防范制度，并实施了以下措施。

①设置独立的质检环节。B公司规定在采购环节后设置独立的质检环节，采购合同签署人员与质检人员应完全剥离，由质检人员直接向公司管理层汇报质检结果。

②建立采购员定期轮岗机制。采购部门建立轮岗机制，规避制约内外勾结所造成的舞弊。

③定期分析市场价格。B公司规定建立产品价格数据库，每月将公司采购价格与外界价格进行对比分析，若发现价格差距较大的现象要对采购项目进行调查。

④严格落实授权审批管理。B公司对采购运作设定具体的授权和审批流程，权责细化到各级人员，员工在办理具体经济业务时，必须经过规定程序的授权和批准，才能够对有关经济业务事项进行处理。

⑤对重点岗位员工开展财务审计。B公司对贪腐高发岗位所涉账目可进行定期的财务审计，核查相关责任人的钱款流向等事项，以大大增加员工舞弊的成本。

⑥重视客户管理。B公司要求相关部门要对供应商、客户进行调查、回访，借此发现由公司采购部人员或其他人员虚构的供应商和客户，及时止损。

⑦留存书面、电子材料。B公司对区域经理、采购主管等重要岗位的内部汇报文件、邮件、传真等书面资料和电子资料进行整理汇总，对书面证据留底和保存。

⑧推出奖惩举措。B公司鼓励内部员工举报"吃回扣"行为，对核实确认的有

（续）

效举报行为予以奖励。

　　B 公司采取系列举措后，大大提高了员工舞弊成本，同时提高了舞弊惩罚措施，增加了举报奖励，采购部舞弊行为得到明显控制。

内部控制检查监督制度

第11章
内部控制评价

11.1 内部控制评价内容

11.1.1 内部环境评价

企业的内部环境是实施内部控制的基础，企业组织开展内部环境评价时，应当对组织架构、发展战略、人力资源、社会责任、企业文化的设计及实际运行情况进行认定和评价，具体要求如表 11-1 所示。

表 11-1 内部环境评价

评价项目	控制要求
组织架构	◆ 应根据国家有关法律法规的规定，明确董事会、监事会和经理层的职责权限、任职条件、议事规则和工作程序，确保决策、执行和监督相互分离，形成制衡 ◆ 应建立分工合理、职责明确、报告关系清晰的组织结构，明确所有与风险和内部控制有关的部门、岗位、人员的职责和权限，并形成文件予以传达
发展战略	◆ 应在充分调查研究、科学分析预测和广泛征求意见的基础上制定发展目标 ◆ 应在董事会下设立战略委员会，或指定相关机构负责发展战略管理工作，履行相应职责 ◆ 应根据发展目标制订战略规划，战略规划应当明确发展的阶段性和发展程度，确定每个发展阶段的具体目标、工作任务和实施路径
人力资源	◆ 应重视人力资源建设，根据发展战略，结合人力资源现状和未来需求预测，建立人力资源发展目标 ◆ 应制定人力资源总体规划和能力框架体系，优化人力资源整体布局，明确人力资源的引进、开发、使用、培养、考核、激励、退出等管理要求，实现人力资源的合理配置 ◆ 应完善人事制度和程序，确保按照精简、高效原则配置人员，不断提高人员素质，使与业务和内部控制有关的人员具备相应的能力和风险意识

（续表）

评价项目	控制要求
社会责任	◆ 应重视履行社会责任，切实做到经济效益与社会效益、短期利益与长远利益、自身发展与社会发展相互协调，实现公司与员工、公司与社会、公司与环境的健康和谐发展 ◆ 应根据国家相关规定和行业相关要求，切实做到安全生产、保障产品质量和服务水平，提高资源利用效率以及促进就业与员工权益保护
企业文化	◆ 应培育健康的企业文化，引导员工树立良好的合规意识和风险意识，促进员工职业道德水平的提高，规范员工行为，营造良好的内部控制环境 ◆ 应建立文化评估制度，明确评估的内容、程序和方法，落实评估责任制，避免企业文化建设流于形式

11.1.2 风险评估评价

内部控制风险评估是企业及时识别、分析经营活动中与内部控制目标相关的风险，并合理确定风险应对策略的重要手段。企业组织开展风险评估评价，应对日常经营管理过程中的项目进行认定和评价，具体要求如表 11-2 所示。

表 11-2 风险评估评价

评价项目	控制要求
风险控制体系	◆ 应根据企业特点，建立专门的风险控制体系，并以书面形式明确各项业务的风险类型、风险控制方法、程序等 ◆ 应根据业务的发展和监管政策的变化将风险管理制度、技术和方法及时进行更新，确保风险控制持续有效
风险识别	应建立日常风险监测指标体系，定期监测风险点的风险水平，有完整的工作记录，定期汇总监测结果，有效实现风险识别预警
风险分析	应按照风险控制制度，在关键部门设置风险分析岗位，对具体业务实施风险分析，制定风险点清单，确定其风险级别和风险可接受程度
风险评价	◆ 应定期对企业风险状况进行全面风险评估，且评估周期不超过半年 ◆ 风险评估效果显著，达到风险预警要求 ◆ 应建立满足业务发展需要的信息管理系统，如财务核算系统、办公自动化系统、人力资源管理系统、证券交易系统、账户管理系统等，为风险评估提供必要的技术支持
应对策略	◆ 应进行事前预防，在风险发生前对其采用避免性控制措施，以避免多种失误、浪费和损失的发生 ◆ 应进行事中应对，即风险发生后，公司运用风险应对方案，积极、科学、迅速地做出应对措施，将损失减少至最小 ◆ 应进行事后反馈，事故发生后，对整个事件自身进行总结分析，并据此提出此后的改善方案，为此后风险防备措施的制定和实行提供科学根据，将风险降至可接受水平
风险报告	应建立清晰的风险报告路线，定期向风险控制相关部门报告风险监测结果和整体风险状况

11．1．3 控制活动评价

企业组织开展控制活动评价，应结合本企业的内部控制制度，对相关控制措施的设计和运行情况进行认定和评价，具体项目与要求如表 11-3 所示。

表 11-3 控制活动评价

评价项目	控制要求
资金活动	◆ 应根据自身发展战略，科学确定投融资目标和规划，完善严格的资金授权、批准、审验等相关管理制度 ◆ 应加强资金活动的集中归口管理，明确筹资、投资、营运等各环节的职责权限和岗位分离要求 ◆ 应定期或不定期检查和评价资金活动情况，落实责任追究制度，确保资金安全和有效运行
采购业务	◆ 应结合实际情况，全面梳理采购业务流程，完善采购业务相关管理制度，统筹安排采购计划 ◆ 应明确请购、审批、购买、验收、付款、采购后评估等环节的职责和审批权限，按照规定的审批权限和程序办理采购业务，建立价格监督机制 ◆ 应定期检查和评价采购过程中的薄弱环节，采取有效控制措施，确保采购物资满足公司生产经营需要
资产业务	◆ 应加强各项资产管理，全面梳理资产管理流程，及时发现资产管理中的薄弱环节，切实采取有效措施加以改进，并关注资产减值迹象，合理确认资产减值损失 ◆ 应重视和加强各项资产的投保工作，采用招标等方式确定保险人，降低资产损失风险，防范资产投保舞弊
销售业务	◆ 应结合实际情况，全面梳理销售业务流程，完善销售业务相关管理制度，确定适当的销售政策和策略 ◆ 应明确销售、发货、收款等环节的职责和审批权限，按照规定的权限和程序办理销售业务 ◆ 应定期检查分析销售过程中的薄弱环节，采取有效控制措施，确保实现销售目标
研究与开发	◆ 应重视研发工作，根据发展战略，结合市场开拓和技术进步要求，科学制订研发计划 ◆ 应强化研发全过程管理，规范研发行为，促进研发成果的转化和有效利用，不断提升公司自主创新能力
工程项目	◆ 应建立和完善工程项目各项管理制度，全面梳理各个环节可能存在的风险点，规范工程立项、招标、造价、建设、验收等环节的工作流程 ◆ 应明确相关部门和岗位的职责权限，做到可行性研究与决策、概预算编制与审核、项目实施与价款支付、竣工决算与审计等不相容职务相互分离 ◆ 应强化工程建设全过程的监控，确保工程项目的质量、进度和资金安全
担保业务	◆ 应依法制定和完善担保业务政策及相关管理制度 ◆ 应明确担保的对象、范围、方式、条件、程序、担保限额和禁止担保等事项 ◆ 应规范调查评估、审核批准、担保执行等环节的工作流程 ◆ 应按照政策、制度、流程办理担保业务，定期检查担保政策的执行情况及效果，切实防范担保业务风险
业务外包	◆ 应建立和完善业务外包管理制度，规定业务外包的范围、方式、条件、程序和实施等相关内容 ◆ 应明确相关部门和岗位的职责权限，强化业务外包全过程的监控，防范外包风险，充分发挥业务外包的优势 ◆ 应避免核心业务外包

（续表）

评价项目	控制要求
财务报告	◆ 应严格执行会计法律法规和国家统一的会计准则制度 ◆ 应加强对财务报告编制、对外提供和分析利用全过程的管理 ◆ 应明确相关工作流程和要求，落实责任制，确保财务报告合法合规、真实完整和有效利用 ◆ 应由总会计师或分管会计工作的负责人负责组织领导财务报告的编制、对外提供和分析利用等相关工作

11.1.4 信息与沟通评价

企业组织开展信息与沟通评价应结合本公司的内部控制制度，对信息收集、处理和传递的及时性、信息系统的安全性，以及利用信息系统实施内部控制的有效性等项目进行认定和评价，具体要求如表 11-4 所示。

表 11-4 信息与沟通评价

评价项目	控制要求
内部信息传递	◆ 应建立内部报告系统，系统功能健全、内容完整，有利于生产经营有序运行 ◆ 应根据发展战略、风险控制和业绩考核要求，科学规范不同级次内部报告的指标体系，采用经营快报等多种形式，全面反映与公司生产经营管理相关的各种内外部信息 ◆ 应制定严密的内部报告流程，充分利用信息技术，强化内部报告信息集成和共享，将内部报告纳入公司统一信息平台，构建科学的内部报告网络体系 ◆ 应明确内部信息传递的内容、保密要求及密级分类、传递方式、传递范围以及各管理层级的职责权限等 ◆ 应保证内部信息传递通畅、及时帮助管理层做出决策，落实相关政策措施
信息系统	◆ 应重视信息系统在内部控制中的作用，根据内部控制要求，结合组织架构、业务范围、地域分布、技术能力等因素 ◆ 应制订信息系统建设整体规划，加大投入力度，有序组织信息系统开发、运行与维护，优化管理流程，防范经营风险，全面提升公司现代化管理水平 ◆ 应指定专门机构对信息系统建设实施归口管理，明确相关单位的职责权限，建立有效工作机制 ◆ 信息系统归口管理部门应组织内部各单位提出开发需求和关键控制点，规范开发流程，明确系统设计、编程、安装调试、验收、上线等全过程的管理要求，严格按照建设方案、开发流程和相关要求组织开发工作 ◆ 应切实做好信息系统上线的各项准备工作，培训业务操作和系统管理人员，制定科学的上线计划和新旧系统转换方案，考虑应急预案，确保新旧系统顺利切换和平稳衔接 ◆ 应加强信息系统运行与维护的管理，制定信息系统工作程序、信息管理制度以及各模块子系统的具体操作规范，及时跟踪、发现和解决系统运行中存在的问题，确保信息系统按照规定的程序、制度和操作规范持续稳定运行

11．1．5　内部监督评价

　　企业组织开展内部监督评价，应结合企业的内部控制制度，对内部监督机制的有效性进行认定和评价，重点关注监事会、审计委员会、内部审计机构等是否在内部控制设计和运行中有效发挥监督作用，具体要求如表 11-5 所示。

表 11-5　内部监督评价

评价项目	控制要求
内部监督机制	◆ 应建立有效的内部监督机制，完善的管理规章制度，以确保公司的正常运营 ◆ 应制定内部控制监督制度，明确内部审计机构（或经授权的其他监督机构）和其他内部机构在内部监督中的职责权限，规范内部监督的程序、方法和要求 ◆ 应在股东大会、董事会和总经理之下分别对应设立监事会、审计委员会和审计部 ◆ 应明确监督的主体，即谁有权力监督、监督的对象是谁 ◆ 应明确监督人监督的内容
内部审计	◆ 应明确记账人员、经济业务事项人员与会计事项的审批人员、经办人员、财务保管人员的职责权限，并保证相互分离、相互制约 ◆ 应明确重大对外投资、资产处置、资金调度和其他重要经济业务事项的决策和执行的相互监督、相互制约 ◆ 应明确财产清查的范围、期限和组织程序 ◆ 应明确对会计资料定期进行内部审计的办法和程序 ◆ 应明确内部审计的时间、范围、内审组织、程序等 ◆ 应合理定位内审机构，审计部的地位应高于其他职能部门
内部督导	◆ 应制定内部控制缺陷认定标准，对监督过程中发现的内部控制缺陷，应当分析缺陷的性质和产生的原因，提出整改方案，采取适当的形式及时向董事会、监事会或管理层报告 ◆ 应对董事、高级管理人员执行公司职务的行为进行监督，对违反法律、行政法规、公司章程或者股东会决议的董事、高级管理人员提出罢免的建议

内部控制检查评价与考核办法

11．2　内部控制评价实施

11．2．1　制定评价方案

　　内部控制评价工作可以强化企业内部控制监督与风险控制，提高企业经营管理水平，增强风险防范意识。为了保障能合规、有序、高效地开展内部评价工作，企业应制定内控评价方案，下面是一则公司内部控制评价方案，以供参考。

内部控制评价方案

一、内控评价内容

内部环境、风险评估、控制活动、信息与沟通、内部监督。

二、内控评价范围

公司本部各部门及其分公司、子公司。

三、内控评价时间

20××年××月××日—20××年××月××日。

四、内控评价工作组织

1. 内控评价领导小组：董事长、监事、总经理、审计部经理。

2. 内控评价工作小组：审计部门、财务部门、其他职能部门。

五、内控评价方法

本次评价综合运用个别访谈、调查问卷、专题讨论、实地查验、统计抽样、穿行测试和比较分析等方法。

六、内控评价阶段及时间安排

（一）评价准备、培训阶段（××月××日—××月××日）

工作内容：制定工作方案、发布自评通知。

（二）评价实施阶段（××月××日—××月××日）

工作内容：

1. 公司各部门、分公司、子公司自查，提交评价工作底稿和内控自评报告，形成缺陷列表，提交评价小组进行审核。

2. 在各部门自我评价基础上，实施现场测试等工作。

3. 评价小组对各分公司、子公司的评价抽查。

4. 认定内部控制的缺陷以及风险的类型、程度等。

（三）报告阶段（××月××日—××月××日）

工作内容：评价小组对各部门提交的工作底稿及自评报告、核对缺陷，汇总形成集团内控自评报告。

七、费用预算

本次内控评价，公司抽调相关专业人员组成评价小组开展内控评价工作，拟不

（续）

聘请外部机构，故评价费用不计算评价人员的薪酬，只计算评价人员的差旅费，预计____万元。

八、内控评价底稿

内控评价报告出具后，内控评价小组在____个月内将内控评价底稿装订成册并归档，审计部保管____年，____年以后交公司档案室，保存期限____年。

11．2．2　组织评价团队

内部控制评价工作由企业审计部门与财务部门人员组建的评价小组负责，小组成员须具有独立性以及较高的业务胜任能力和职业道德素养，对本职工作内的内部控制评价工作必须回避，以保证客观性和独立性。内部控制评价团队构成如表 11-6 所示。

表 11-6　内部控制评价团队构成表

评价小组	能力要求	职责
组长	统筹谋划能力 组织领导能力 综合协调能力 改革创新能力 决策能力	◆ 制定内部控制评价方案，报总经办审核与董事会批准 ◆ 评价公司内部控制实施的激励与约束方案，根据内部控制评价结果，确定奖惩措施 ◆ 编制内部控制评价报告
副组长	核算能力 风险控制能力 财务管理能力 组织协调能力 规划能力 沟通能力	◆ 协助审计部经理制定内控评价方案 ◆ 组织协调并指导开展公司内部各部门的重大风险评估工作 ◆ 组织协调相关部门落实内部控制的整改计划和措施 ◆ 协助审计部经理编制内控评价报告
组员	计算机能力 调查取证能力 观察识别能力 谈话突破能力 口头表达能力 文字写作能力	◆ 评价公司内部控制制度、内部控制体系建设方案和内部控制目标 ◆ 评价公司年度重大风险、风险承受度、风险管理决策 ◆ 评价公司内部控制牵头部门设置及其职责方案 ◆ 评价公司内部控制缺陷认定的标准 ◆ 监督内部控制缺陷整改落实情况 ◆ 制作内部控制评价调查问卷 ◆ 对内部控制缺陷整改方案提出建议并监督落实 ◆ 组织开展各部门内部控制自评工作 ◆ 组织开展部门层面和业务层面风险评估工作 ◆ 认定部门内部控制缺陷，并出具评价报告和内部控制缺陷整改方案

11. 2. 3 实施评价工作

内控评价小组在正式实施评价工作前，应首先从公司环境层面了解、分析内部控制的整体风险。实施评价工作时，应遵循全面性、重要性、客观性原则，具体实施步骤如图 11-1 所示。

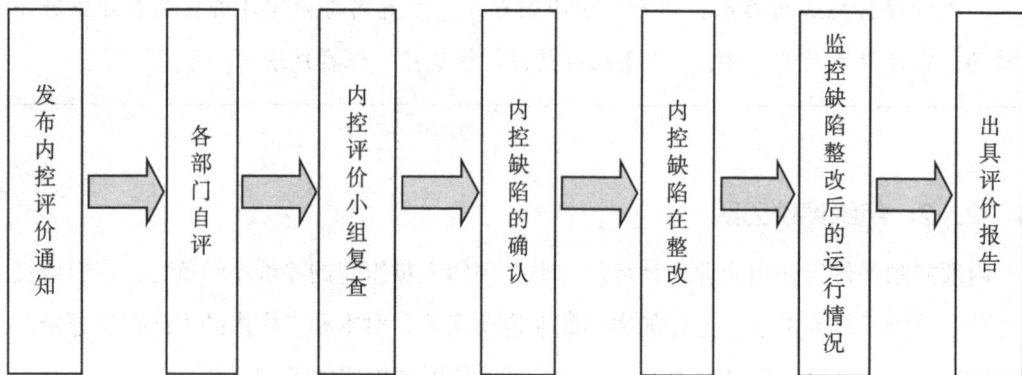

图 11-1　评价工作实施步骤

第 1 步：发布内控评价通知

内控评价通知应在评价实施前 3~5 个工作日发出，通知内容包括评价对象、评价内容、评价时间、评价形式、工作要求等。

第 2 步：各部门自评

部门自评时应实现内控评价的全覆盖，完成以下工作：

① 全面分析本部门相关的内部控制，完成《内控评价问卷调查表》的填写；

② 全面梳理本部门内部控制手册，比照本部门内部控制制度，对内部控制手册中不完善的地方进行修正；

③ 查找并分析本部门相关业务及管理主要风险，补充完善流程图、风险清单、风险矩阵；

④ 编写本部门的《内控自评报告》，与评价人员共同确认内控缺陷，记录形成的意见。

第 3 步：内控评价小组复查

内控评价小组对各部门报送的《内控自评报告》及风险矩阵、《内控评价问卷调查表》进行分析。按风险导向思路，本着重要性原则，选择样本部门、重点流程进行复查，并建立以下底稿：

① 内部控制缺陷认定汇总表；

② 流程图、风险矩阵、风险清单；

③公司层面内部控制环境评价工作表；

④流程自我评价工作表；

⑤内控流程自我评价工作底稿以及设计有效性测试底稿、运行有效性测试底稿。

第 4 步：内控缺陷的确认

评价人员经初步判断，征求缺陷所在部门相关人员意见后，评价小组讨论形成初步意见，报缺陷所在部门负责人确认。部门负责人未确认的内控缺陷，评价小组应与缺陷所在部门的直接上级讨论确定。

对股份公司管理层不予确认的缺陷，若内控评价小组认为其属于重要或重大缺陷，应直接向董事会报告，由董事会裁定。

第 5 步：内控缺陷的整改

对需要整改的内控缺陷，由缺陷所在部门整改，由内控评价工作小组进行追踪，以确保相关部门采用适当措施进行改进。

第 6 步：监控缺陷整改后的运行情况

内控评价小组跟踪、检查缺陷整改进度，确保整改后最低运行次数，并收集整改后的运行证据，确保缺陷已消除。

第 7 步：出具评价报告

评价工作结束后，评价小组应在 3 个月内出具评价报告，报告的主要内容有评价范围、内控评价结论、缺陷认定等。

11.3 认定内部控制缺陷

11.3.1 内部控制设计缺陷

内部控制设计缺陷是指企业缺少为实现控制目标所必需的控制，或现存的控制设计不当，难以实现控制目标。良好的内控设计，能够有效规范公司的主要经济行为和关键岗位人员的行为，确保公司经营和管理良好。内部控制设计缺陷主要体现在以下 4 个方面。

（1）设计目标不集中

企业在设计内控制度时，忽视目标定位，出现设计目标不集中、思路不清晰等问题，表现在以下三方面。

①关注内控的具体目标，忽视内控制度设计应当服务于公司发展的战略目标；

②战略目标调整、业务模式改变后，内控程序不能跟上公司变革的步伐；

③内控制度侧重查舞弊、防范风险，忽视了审查财务报告和管理信息的真实、可靠和完整性。

（2）关键控制点不准确

企业内控制度的设计，在层次上应涵盖董事会、管理层和全体员工，在对象上应涉及各项业务和管理活动，在流程上应渗透到决策、执行、监督、反馈等各个环节。关键控制点是内控制度的核心，只有抓住关键控制点，才能避免内控缺陷。

（3）成本效益不协调

内部控制设计如果不讲求控制效率与效果，成本与效益的关系则不合理，会出现以下两个极端：

①重视成本节约，即使对重要业务与事项、高风险业务领域，也不舍得投入必要的控制成本；

②苛求提高效益，设计的控制程序烦琐，管理刚性有余但缺少必要的变通，执行难度大、效率低。

（4）个性化差异不明显

企业之间因所有制形式、组织形式、行业特点、经营模式、业务规模、企业文化等方面的差别，在实施内控时也有不同的要求。照搬照抄其他企业的内控制度，不能充分体现个性化差异，不符合企业实际情况，很难具有可操作性。

11.3.2 内部控制运行缺陷

内部控制运行缺陷是指设计有效（合理且适当）的内部控制由于运行不当（包括由不恰当的人执行、未按设计的方式运行、运行的时间或频率不当、没有得到一贯有效运行等）而形成的内部控制缺陷。内部控制运行缺陷主要体现在以下5个方面。

（1）部门协同不到位

企业将内部控制等同于内部会计控制，认为内部控制是财务部门监督其他部门的职责，往往形成财务部门单枪匹马抓内部控制，得不到其他部门协同配合和支持理解的情形。高级管理人员，特别是直接负责的主管人员在认识上的误区、自身能力的限制、管理上的偏好等，都可能使公司部门之间的内控协同效果变弱。

（2）监督部门不权威

企业的组织结构、岗位设置和权责分配应当科学合理，不同部门、岗位之间权责分明并有利于其相互制约、相互监督。但部分公司存在用习惯代替制度、靠信任逾越监督的问题，少数人拥有凌驾于内控之上的特殊权力，负责监督的部门被边缘化，不敢行使监督权。

（3）内部控制责任主体不清晰

企业员工认为内部控制责任主体为内审部门，但是内部控制并非全部由内部审计部门对内部控制负责。组织中的每个员工在内部控制系统中都是一个重要的角色，全体员工应当对运营中的问题负责，并且要遵循内部与外部的政策、规章。

（4）内部控制程序不适应业务变化

企业内控的程序应与业务流程环环相扣，相关的控制要求应延伸到业务的各个链条，业务链条变化后也应当有恰当的控制程序与之相适应，否则就可能出现控制程序脱节的问题。

（5）内控制度更新不及时

内控制度应随着外部环境的变化、经营业务的调整而创新，否则企业在面对新情况、新问题时会没有应对措施。

内部控制缺陷认定汇总表

11.4　内部控制评价报告

11.4.1　内部控制评价报告内容

内部控制评价报告是内部控制评价人员依据内部控制有效性评价标准对本企业内部控制设计和运行的情况进行评估后，将结果提供给外部使用者的文件。报告主要包括 8 项内容，具体如图 11-2 所示。

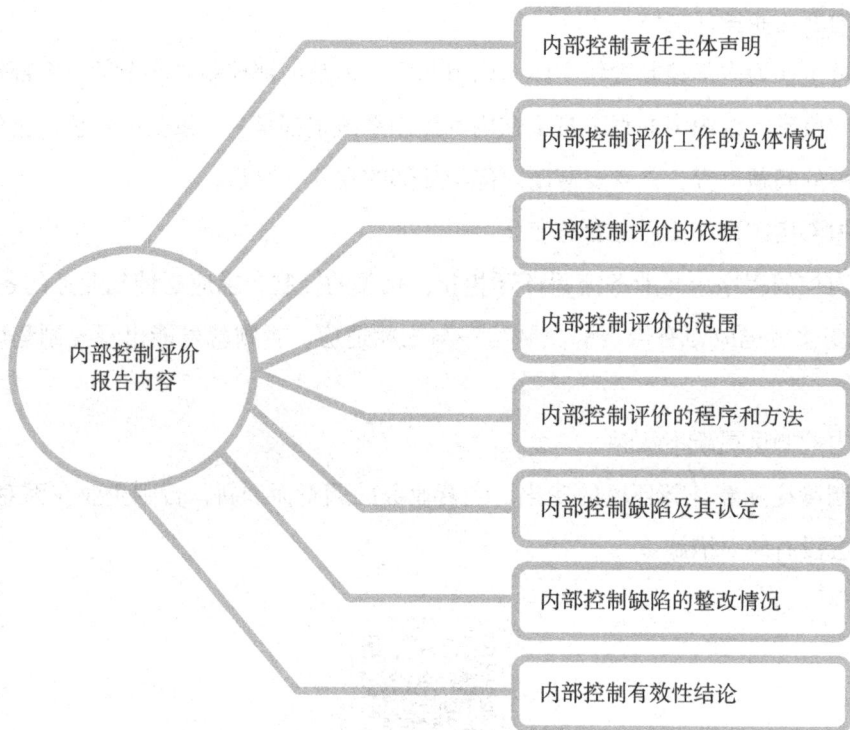

图 11-2　内部控制评价报告内容

11.4.2　内部控制评价报告模板

内部控制评价报告可以加强管理层对内部控制的重视，也可以在一定程度上减少舞弊行为的发生，从而不断改善公司的内部控制工作。下面是一则内部控制评价报告，以供参考。

内部控制评价报告

×× 股份有限公司全体股东：

根据《公司内部控制基本规范》等法律法规的要求，我们对本公司内部控制的有效性进行了自我评价。

一、董事会声明

1. 公司董事会及全体董事保证本报告内容不存在任何虚假记载、误导性陈述或重大遗漏，并对报告内容的真实性、准确性和完整性承担个别及连带责任。

2. 建立健全并有效实施内部控制是公司董事会的责任；监事会对董事会建立与实施的内部控制进行监督；经理层负责组织领导公司内部控制的日常运行。

3. 公司内部控制的目标：保证经营合法合规、资产安全、财务报告及相关信息真实完整，提高经营的效率和效果，促进实现发展战略。由于内部控制存在固有局

（续）

限性，故仅能对达到上述目标提供合理保证。

二、内部控制评价工作的总体情况

公司董事会授权审计部负责内部控制评价的具体组织实施工作，对纳入评价范围的高风险领域和部门进行评价（描述评价工作的组织领导体系，一般包括评价工作组织结构图、主要负责人及汇报途径等）。

三、内部控制评价的依据

本报告旨在根据中华人民共和国财政部等五部联合发布的《公司内部控制基本规范》（以下简称"基本规范"）及《公司内部控制评价指引》（以下简称"评价指引"）的要求，结合公司内部控制评价制度和评价办法，在内部控制日常监督和专项监督的基础上，对公司截至 20×× 年 12 月 31 日的内部控制的设计有效性及运行有效性进行评价。

四、内部控制评价的范围

1. 内部控制评价的范围涵盖了公司及其各部门的各种业务和事项，重点关注下列高风险领域：

（此处列示公司根据风险评估结果确定的前十大主要风险，具体内容略。）

2. 纳入评价范围的部门包括：（此处描述公司及其所属部门的明确范围，具体内容略。）

3. 纳入评价范围的业务和事项包括以下 5 个方面。

（1）内部环境

包括组织架构、发展战略、人力资源、社会责任、企业文化。

（2）风险评估

收集的风险管理初始信息和公司各项业务管理及其重要业务流程，进行风险评估，包括风险辨识、风险分析、风险评价三个步骤。

（3）控制活动

包括资金活动、采购业务、资产管理、销售业务、研究与开发、工程项目、担保业务、业务外包、财务报告、全面预算、合同管理。

（4）信息与沟通

包括内部信息管理、信息系统。

（5）内部监督

包括日常监督情况和专项监督情况。

上述业务和事项的内部控制涵盖了公司经营管理的主要方面，不存在重大遗漏。

4. 公司本年度未能对以下构成内部控制重要方面的部门或业务（事项）进行内部控制评价：[此处逐条说明未纳入评价范围的重要（业务）事项，包括部门或业务（事项）描述、未纳入的原因、对内部控制评价报告真实完整性产生的重大影响等]。

五、内部控制评价的程序和方法

1. 内部控制评价工作严格遵循基本规范、评价指引及公司内部控制评价办法规定的程序执行（描述公司开展内部控制检查评价工作的基本流程）。

2. 评价过程中，我们采用了个别访谈、调查问卷、专题讨论、穿行测试、实地查验、抽样和比较分析等适当方法，广泛收集公司内部控制设计和运行是否有效的证据，如实填写评价工作底稿，分析、识别内部控制缺陷（说明评价方法的适当性及证据的充分性）。

六、内部控制缺陷及其认定

1. 公司董事会根据基本规范、评价指引对重大缺陷、重要缺陷和一般缺陷的认定要求，结合公司规模、行业特征、风险水平等因素，研究确定了适合本公司的内部控制缺陷具体认定标准，并与以前年度保持一致（描述公司内部控制缺陷的定性及定量标准），或做出了调整（描述具体调整、具体调整标准及原因）。

2. 根据上述认定标准，结合日常监督和专项监督情况，我们发现报告期内存在____个缺陷，其中重大缺陷____个，重要缺陷____个。

七、内部控制缺陷的整改情况

1. 针对报告期内发现的内部控制缺陷（含上一期间未完成整改的内部控制缺陷），公司采取了相应的整改措施（描述整改措施的具体内容和实际效果）。对于整改完成的重大缺陷，公司有足够的测试样本显示，与重大缺陷（描述该重大缺陷）相关的内部控制设计和运行有效（运行有效的结论需提供90天内有效运行的证据）。

2. 经过整改，公司在报告期期末仍存在____个缺陷，其中重大缺陷____个，重要缺陷____个。

3. 针对报告期末未完成整改的重大缺陷，公司拟进一步采取相应措施加以整改（描述整改措施的具体内容及预期达到的效果）。

八、内部控制有效性的结论

1. 公司已经根据基本规范、评价指引及其相关法律法规的要求，对公司截至20××年12月31日的内部控制设计与运行的有效性进行了自我评价。

（续）

2. 报告期内，公司在内部控制设计与运行方面存在尚未完成整改的重大缺陷（描述该缺陷的性质及其对实现相关控制目标的影响程度）。由于存在上述缺陷，可能会给公司未来生产经营带来相关风险（描述该风险）。

3. 报告期内，公司对纳入评价范围的业务与事项均已建立了内部控制，并得以有效执行，达到了公司内部控制的目标，不存在重大缺陷。

4. 自内部控制评价报告基准日至内部控制评价报告发出日之间未发生对评价结论产生实质性影响的内部控制的重大变化（若发生，描述该事项对评价结论的影响及董事会拟采取的应对措施）。

九、总结

内部控制应当与公司经营规模、业务范围、竞争状况和风险水平等相适应，并随着情况的变化及时加以调整。未来期间，公司将继续完善内部控制制度，规范内部控制制度执行，强化内部控制监督检查，促进公司健康、可持续发展。

第 12 章
内部控制与风险管理、合规

12.1　内部控制与风险管理

12.1.1　内部控制与风险管理的区别

内部控制与风险管理两者之间的区别主要体现在目标、组成要素、范畴、活动等方面。内部控制是公司风险管理的必要环节，在全面风险管理中扮演重要角色。

（1）两者目标不同

风险管理属于企业的治理层面，内部控制属于企业管理层面；此外，风险管理把财务目标扩展为报告目标，不仅包括财务报告目标，还包括非财务类报告目标，弥补了内部控制目标体系的缺陷。

（2）两者组成要素不同

风险管理在内部控制的"控制环境、风险评估、控制活动、信息与沟通、监督"五大要素基础上，增加了目标设定、事件识别和风险应对3个因素，丰富了风险管理内容，体现了风险组合观。

（3）两者的范畴不一致

内部控制仅仅是管理的一项职能，主要是通过对过程的控制来实现其目标，而风险管理则贯穿于管理过程的各个方面，尤其是在制定目标时就充分考虑了风险的存在。

（4）两者的设计不一致

内部控制不负责企业经营目标的具体设定，而只是对目标的制定过程进行评价，而风险管理包含了风险管理目标和战略的设定、风险评估方法的选择等一系列活动。

12. 1. 2　内部控制与风险管理的联系

内部控制与风险管理联系十分紧密，两者之间存在相互依存、不可分割的内在联系。

（1）风险管理涵盖内部控制

风险管理的 8 个要素除了包括内部控制的控制环境、风险评估、控制活动、信息与沟通、监督 5 个要素之外，还增加了目标设定、事件识别和风险应对 3 个要素。因此，无论是时间还是内容上，风险管理都涵盖内部控制，是内部控制的拓展和延伸。

一方面，内部控制既是风险管理的主要内容，又是风险管理的重要手段。另一方面，风险管理的最终目标与公司目标一致，在现代社会中，企业目标已经不仅仅是追求利润最大化、价值最大化，而是追求构建起一个和谐的内部控制机制，考虑所有利益相关者的利益，为此，改进和提高内部控制的效率和效果，也是风险管理的价值所在。

（2）内部控制是风险管理的必要环节

对于企业所面临的大部分运营风险及所有业务流程中的风险，内部控制系统是必要、高效的风险管理方法。因此，企业建立风险管理体系应符合标准，同时需要满足内部控制系统的要求。

（3）风险管理和内部控制的目标和结果一致

从内部控制和风险管理的演进路径分析，内部控制和风险管理从不同的路径共同到达了风险管理的新阶段。究其原因有以下两方面。

① 内部控制和风险管理都是一个动态的过程，应该与企业的经营管理过程相结合，并考虑人为因素的影响，强调管理风格和理念、企业文化等的作用和风险意识。

② 内部控制和风险管理的目标一致，明确了组织中的每一个人都对内部控制和风险管理负有责任，由于内部控制的固有限制，内部控制和风险管理只能提供合理保证，而非绝对保证。

12. 1. 3　风险管理下的内控体系建设

优化完善企业内部的制度体系，可以降低企业的经营风险，特别是优化企业内部的业务制度，可以有效地加强企业经营活动的风险控制。因而，企业内控体系的构建对增强企业的抗风险能力具有较大的作用。

（1）风险管理下的内控体系建设思路

具体如图 12-1 所示。

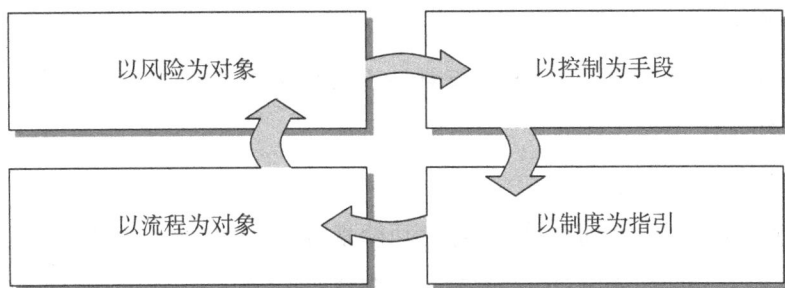

图 12-1　四位一体建设思路

（2）构建风险管理下的内控体系

① 内部环境

a．提升内部控制意识

企业内部应建立科学有效的内部控制机制，管理人员对内部控制机制的执行效果定期考核，不断调整、优化员工培训制度，提高员工内部控制意识，保证风险控制工作的高效落实。

b．优化组织架构

企业应根据内部的岗位需求、战略目标、人力资源现状等信息，结合行业发展、经营状况，建立相互制衡、相互制约的治理机制。同时，制定激励约束制度，实行业绩考评，完善员工晋升培训制度，设置集权和分权的组织结构。

c．培养企业文化

良好的企业文化，可以促进企业健康持续发展，激发员工的使命感，加强员工的责任感让企业文化推动企业发展。

② 目标设定

制订合理的战略计划，实施有效的战略措施，保证经营效果达到预期的经营目标，财务报表真实可靠，经营活动合规合法。

③ 风险识别

a．梳理业务流程风险点。组织内部业务人员梳理经营中的各类风险点，并结合企业的实际经营状况来掌控业务中的关键点。管理人员可以应用风险矩阵管理方法，对内部风险进行评级、梳理，确定影响企业经营的关键性风险和重大风险，并对重大风险加强防控。

b．开展风险分析。在经营中，企业要组织风险管理人员对影响企业经营活动的各类风险进行系统的识别分析。明确现有风险和潜在风险，正确识别风险的类型、风险的来源和风险的程度，了解风险产生的原因及带来的后果。

④ 风险评估

企业应采用定性和定量相结合的方法评估风险的等级；同时，建立风险评估过程的信息反馈及沟通机制。

⑤ 风险应对

企业建立完善的风险管理机制，应结合风险规避、风险降低、风险分担和风险承受的应对措施，进行合理的风险应对，通过建立制度与执行程序，应对日常经营活动中识别的风险因素，对经营过程中存在的问题提出改进措施，在执行部门遇到重大变化和风险时，应及时向董事会报告。风险应对策略坐标如图12-2所示。

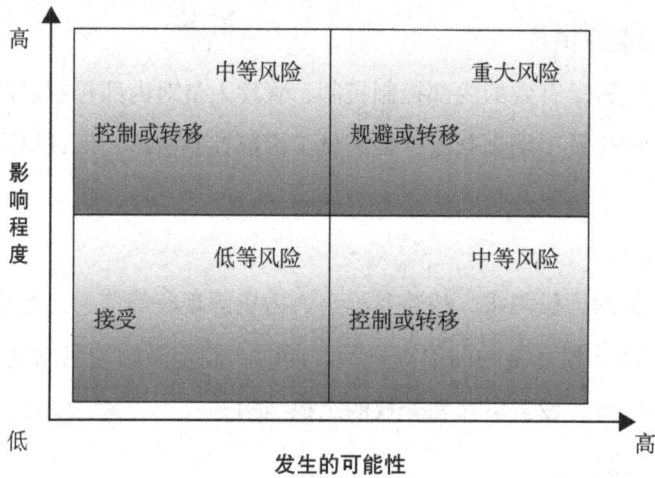

图 12-2　风险应对策略坐标

⑥ 控制活动

企业应把不相容职务分离，形成相互制约的工作机制，做好授权审批控制，明确各岗位的业务和职权，严格按照审批程序履行职责。具体可参考图12-3。

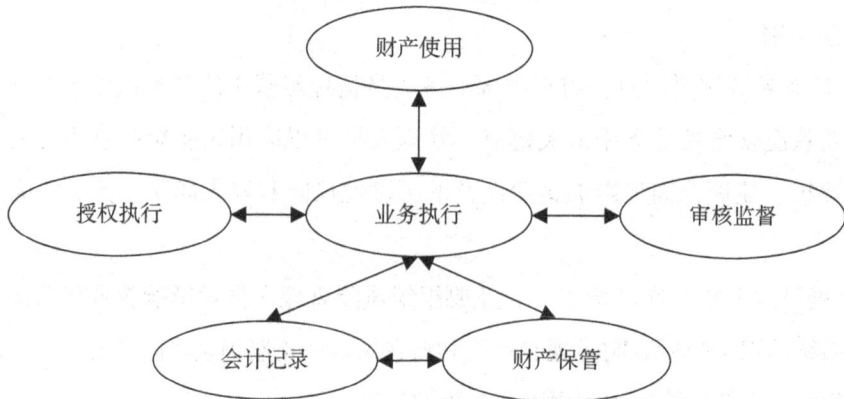

图 12-3　不相容职务分离情形

⑦ 信息与沟通

企业应建立预算、利润及其他财务和经营方面的目标执行情况的沟通渠道，制定覆盖全业务的预算管理制度，建立顺畅的沟通协调机制。信息沟通系统可以及时搜索、收集、整理、传递外部信息，及时发现潜在风险。

⑧ 监督

企业应建立内部独立的内审机构，加强对企业内部各类经营活动的监督、控制。对各业务经营活动进行动态监督与监控；定期对各项经营活动进行审计并出具报告；对组织结构和业务流程中重大变化进行监督，记录工作流程，拟定解决措施，编制工作报告并提交。

12.2　内部控制与合规

12.2.1　内部控制与合规的区别

内部控制与合规都是企业风险管理的重要手段，一起构成了企业发展的风险屏障，但二者又有区别，主要体现在内容、管理流程、职责及组织实施的方式等方面，可概括为以下 4 点。

（1）包含的内容不同

合规包括合规管理制度建设、合规咨询、合规审查、合规检测、法律法规追踪、合规报告、反洗钱、投诉举报处理、监管配合、信息隔离墙（监事清单与限制清单）、合规文化建设、合规信息系统建设、合规考核、合规问责等内容。

内部控制包括控制环境、风险评估、控制活动、信息与沟通、监督等内容。

（2）管理的流程不同

合规管理是从遵循法律法规、监管规定、行业准则和公司章程、规章制度以及国际条约、准则等角度出发，防范合规风险；而内部控制主要是从程序合规、防范舞弊风险的角度出发，"自下而上"地发现运营流程中相对微观的内部控制缺陷并进行整改。

（3）职责不同

合规管理的职责主要是通过制定并完善企业管理制度，建立并健全制度化、规范化、科学化的合规管理体系，识别、评估、监测和报告业务及管理过程中的合规风险，追踪、督导内外部监管政策在企业的落实情况，审查企业内部管理制度、业务规程，提出合规改进意见，指导其他部门开展合规工作，对其他部门的合规工作方案提出意见和建议。

内部控制的职责是促进企业目标达成，定期执行风险评估，主动发现阻碍企业目标实现的内部控制缺陷并提出改进建议，在董事会、审计委员会的领导下，组织协调年度内部控制自我评价工作，设计、拟定内部控制自我评价等相关制度。

（4）组织实施的方式不同

合规管理工作的组织方式是预防、控制、监督和问责，在预防阶段做好制度与程序设计，风险评估预警和合规培训，依托合规事项登记、重要事项合规审查、建立合规档案等方法来实施，通过合规举报调查、合规评价、合规审计和合规测试等手段来达到监管目的。

内部控制主要采用例行审计、专项审计、合规检查等形式，使用穿行测试、控制测试等方法，检查重点业务、重要流程的内部控制设计及运行缺陷。

12.2.2 内部控制与合规的联系

合规的核心是确保企业各项生产经营活动遵循内外部的法律、制度、条例、规范、指引等，与合规相比，内部控制的范畴更广，且更加重视通过过程控制确保全过程的合规。两者的联系可以概括为以下三点。

（1）两者目标相同

合规管理的目标是建立良好的合规文化，企业在法律、法规、制度上的建设，不仅需要员工自身具有较高的职业道德素质，更需要合规管理职能部门和审计部门的监督；内部控制的目标是改善企业经营管理、提高经济效益提供风险保障；两者的目的均在于提高企业经营过程中的风险防控能力。

（2）两者都通过职能部门监督实现

合规管理通过合规部门、审计部门监督全员是否有效实施合规制度来实现；内部控制通过相应的职能部门，按照内部控制系统规定，对各业务单元流程进行检查，防范可控风险。

（3）两者都是公司风险控制的重要手段

合规管理的有效运行，是企业防范法律和制度风险的重要保障，也是企业避免外部监管风险的控制手段，可以促进内部控制体系更加完善，共同构建企业防范违规风险体系，为企业合法、合规经营保驾护航。

12.2.3 内部控制与合规管理体系建设

内部控制重视健全管理，合规管理重视底线思维，针对企业不同的业务特点，如果没有一个完整的管理体系，企业就很难有效地将风险防控贯穿到业务的开展过程中。具体内容如表 12-1 所示。

表 12-1　内部控制与合规管理体系建设内容

体系建设内容	具体说明
内控合规承诺	指管理层及员工清楚地作出书面合规承诺，承诺遵守与本职岗位相关的内控合规要求，包括外部监管要求、内部规章制度合规要求以及道德准则要求
内控合规申报	基于内控合规要求，确定内控合规申报点，定期逐级申报合规完成情况，并进行分析汇总，以便持续地掌握内控合规操作现状，给出及时、合理的应对方案
内控合规审查	在内控合规申报点的基础上，进一步明确内控合规审查点，在内控合规审查点操作时增加合规审查环节，进行逐级审查，确保在操作初始环节预防违规情形的发生
内控合规评价	企业内控合规评价程序、内容和指标。按照内控合规评价指标和内控合规要求，对合规运行的有效性进行检查评价，识别内控合规缺陷，形成评价结论，对被评价单位进行打分考核，并对内控合规缺陷进行后续整改及跟进
内控合规手册	手册应包含内控合规整体框架、业务流程概述、岗位合规要求，及其对应法律、法规及企业内部管理制度的相关内容
内控合规管理信息化工具	根据企业实际情况逐步建立内控合规管理信息化工具

12.3　内部控制、合规、风险一体化管理体系

12.3.1　一体化管理组织体系设计

在建立内部控制、合规、风险一体化管理体系时，企业应首先设立相关管理的组织架构，并明确管理职责，同时避免职能交叉重复，防范推诿扯皮。

具体来说，企业需要实现内部控制、合规、风险管理职能在治理层、管理层和执行层的职责统一。其中，在治理层，通常可以将相关职能放到同一个董事会的专门委员会；在管理层，则通常由同一个领导小组负责风险、内控、合规管理的相关职责。建立一个以业务部门为主的第一道防线，以风险管理部门为主的第二道防线，以监督部门为主的第三道防线的管理体系。

一体化管理组织体系具体可参考图 12-4。

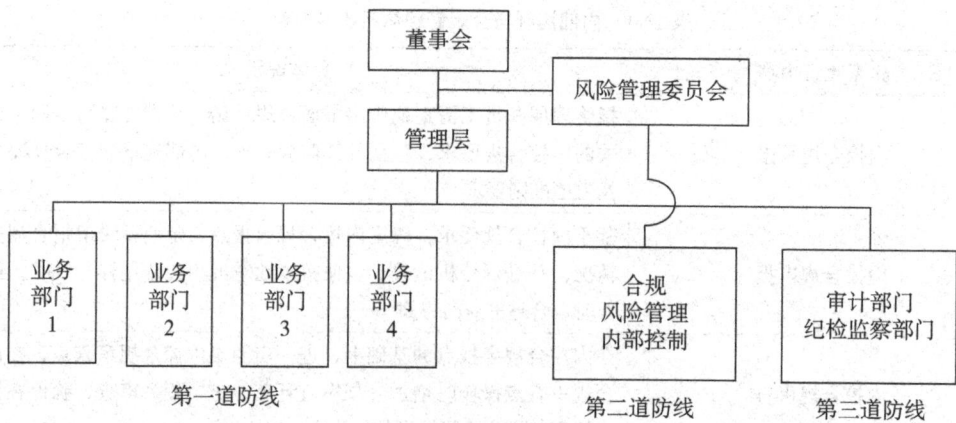

图 12-4　一体化管理组织体系示例

12. 3. 2　一体化管理运行体系设计

一体化管理体系最终落地实施还应构建以风险管理为核心的运行机制，即将风险、内控及合规管理要求、评价标准及风险应对措施融入制度中，切实做到公司日常的业务流程及管理符合风险、内控及合规的要求。

一体化管理运行体系设计应贴合经营业务实际，覆盖重点业务领域，覆盖关键业务环节，覆盖重要工作岗位。具体示例如图 12-5 所示。

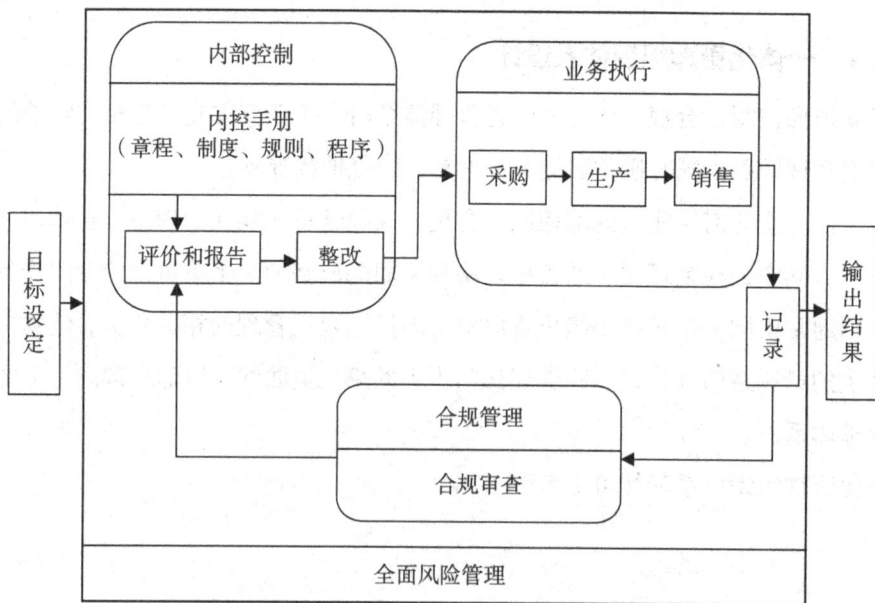

图 12-5　一体化管理运行体系示例图

12.3.3　一体化管理保障体系设计

企业内控合规风险一体化管理保障体系设计需要企业在经营管理中，将内部控制、合规和风险管理三个方面有机结合起来，建立一套完整的保障体系，以确保企业的合法合规经营，防范各种风险，提高企业经营管理效率和质量。企业内控合规风险一体化管理是一个综合性的工作，需要多个部门的协同合作才能实现，企业可结合内部控制自评、风险管理及合规管理检查的相关要求进行，具体如图 12-6 所示。

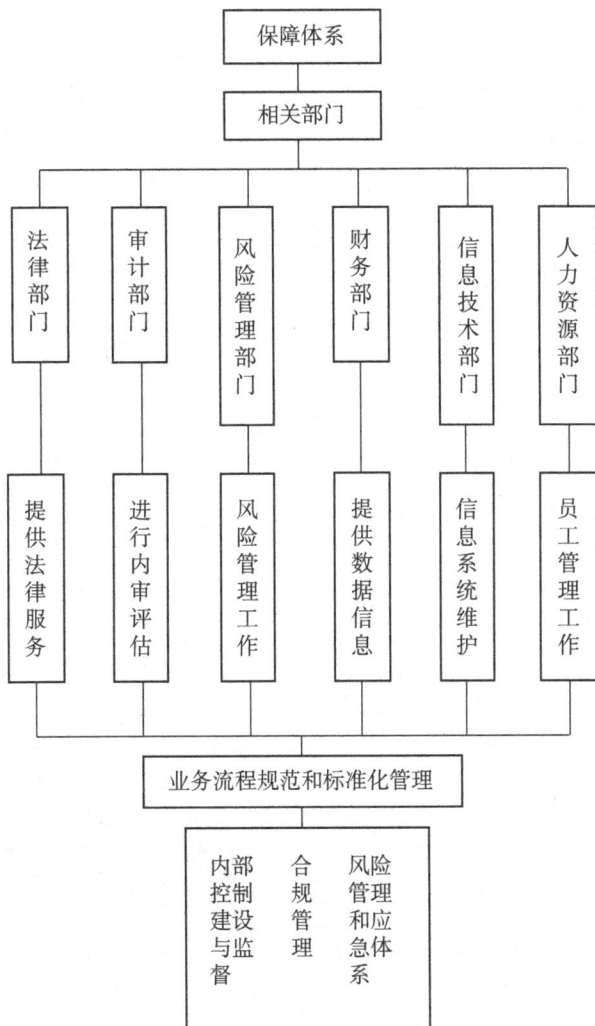

图 12-6　一体化管理保障体系设计图